本书由湖南商学院学术著作出版基金以及湖南商学院理论经济学学科资助出版

低碳经济背景下中国对外直接投资模式转型研究

谭飞燕　著

经济科学出版社

图书在版编目（CIP）数据

低碳经济背景下中国对外直接投资模式转型研究 /
谭飞燕著 . —北京：经济科学出版社，2014. 10
ISBN 978 - 7 - 5141 - 5042 - 1

Ⅰ. ①低… Ⅱ. ①谭… Ⅲ. ①对外投资 - 直接
投资 - 研究 - 中国 Ⅳ. ①F832. 6

中国版本图书馆 CIP 数据核字（2014）第 225211 号

责任编辑：凌 敏 程辛宁
责任校对：王苗苗
责任印制：李 鹏

低碳经济背景下中国对外直接投资模式转型研究
谭飞燕 著
经济科学出版社出版、发行 新华书店经销
社址：北京市海淀区阜成路甲 28 号 邮编：100142
教材分社电话：010 - 88191343 发行部电话：010 - 88191522
网址：www. esp. com. cn
电子邮件：lingmin@ esp. com. cn
天猫网店：经济科学出版社旗舰店
网址：http://jjkxcbs. tmall. com
北京密兴印刷有限公司印装
710×1000 16 开 10. 25 印张 180000 字
2014 年 10 月第 1 版 2014 年 10 月第 1 次印刷
ISBN 978 - 7 - 5141 - 5042 - 1 定价：28. 00 元
（图书出现印装问题，本社负责调换。电话：010 - 88191502）
（版权所有 侵权必究 举报电话：010 - 88191586
电子邮箱：dbts@ esp. com. cn）

序

    《低碳经济背景下中国对外直接投资模式转型研究》一书是谭飞燕同志在她的博士论文基础上修改、深化而成的，本书就全球低碳经济新形势下，我国企业如何转变思维，抓住低碳经济这个机遇、应对低碳约束、改善对外直接投资模式，建设"资源节约型环境友好型"社会等重要问题进行了有益的探讨。

    谭飞燕从 2007 年 9 月至 2011 年 12 月在湖南大学经贸学院攻读应用经济学博士学位期间，我一直担任她的导师。在这四年里，她付出了超乎寻常的艰辛和努力：孩子年纪尚幼，丈夫工作忙碌，自己在湖南商学院的教学压力很大的同时，她依然在相对较短的时间内完成了博士阶段的所有课业，并顺利通过了博士论文答辩。在学习过程中，她能根据自己的研究方向，有针对性地认真研读了有关课程的书籍，为自己的科研工作打下了扎实基础，并涉猎了一部分其他相关课程，视野开阔，对产业经济学专业的应用背景以及整个学科的结构有整体和较为深入的认识，具有较为完善的知识结构和理论水平，同时也具备了独立的分析问题和解决问题的能力，还参与了部分科研项目工作，有较高的业务水平和较强的科研能力。不仅如此，她还有较强的进取心和求知欲，有进一步深造和提高的要求，为此她于 2013 年 3 月进入北京交通大学中国产业安全研究中心的博士后工作站继续关于低碳经济的研究和学习。对这种学术上孜孜以求的学生，我倍感欣慰，并希望她能在低碳经济和产业经济研究领域中更上一层楼！

    本书以产业经济学、生态学、计量经济学、区域经济学、制度经济学、技术经济学、统计学、系统论等学科理论为基础，立足低碳经济背景，以可持续发展、环境伦理、循环经济理论为指导，将与中国对外直接投资与中国经济低碳化发展的相关理论和方法相耦合，构建了一个碳交易机会成本、清洁产品偏好、社会福利收益与低碳对外投资的数理分析框架，深入研究了我国对外投资模式转型的理论基础，进而从客体动力、主体动力两个层面剖析我国对外投资转型的动力机制，并提出了我国对外直接投资模式转型的路径及其可能面临的风险。低碳经济时代到来时，我国对外直接投资必须围绕如何实现低碳化，重新进行战略谋划，并以低碳经济运营模式为中心优化结构和形式。低碳经济视角下的中国对外直接投资转型将为此提供依据与标准，这对于调整我国对外投资发展方向，制定新的适宜的政策，对促进我国对外直接投资健康发展具有重要作用，帮助我国对外直接投资活动能贯彻落实科学发展观战略，促进全球经济、社会和生态的和谐发展。

本书是将环境经济学、产业经济学和生态学结合进行交叉学科研究的一种有益探索，在经济全球化和环境问题全球化并存的今天，本书的出版，对于研究对外投资目标与保护环境目标耦合的问题，具有较高的理论意义；对于中国对外直接投资的可持续发展战略实施，具有积极的现实意义。同时，本书也致力于引发学术界深层次的思考：学者们的经济分析范式不应局限于单纯的经济内部循环系统，所有的经济活动，包括投资、贸易等，都直接或间接地与周围的生态环境发生关系。从生态系统和经济利益双重角度出发，对于自然资源环境中的能量和物质、贸易和投资等的观念以及思考方式将会截然不同。

随着环境和生态问题日益严峻，将经济学与生态学理论与研究方法融合进行学术研究，必将成为新的科学研究趋势，但路漫漫其修远兮，从低碳经济角度研究国际投资问题是一项长期而艰巨的任务，其研究成果也不是一朝一夕能够体现出来的。由于与低碳经济相关的理论仍不完善，同时研究方法和研究条件仍不成熟，这个领域的一切相关研究都在积极的探索中，我们需要做的应该是静下心来，多学习，多思考，多实践。

再次祝福作者，希望她能在学术研究中走得更远更稳，并继续坚持独立思考，执着前行！

是为序。

刘辉煌

2014 年 7 月于湖南大学

前　　言

　　长期以来，发达国家对外投资的相关理论一直是国际经济学领域研究的热点议题之一。伴随着不断加速的经济全球化步伐和我国迅速深化的改革开放进程，越来越多的中国企业也开始以全球视野配置资源，中国的对外直接投资也随之踏上了高速增长的快车道。然而，近年来气候变暖严重威胁到人类的可持续发展，应对气候变化的低碳约束政策竞相出台，在一定程度上改变了跨国公司运营的市场环境，对原有国际资本流动的方式、流向与范围形成了冲击。在新形势下，我国企业如何转变思维，抓住低碳经济这个机遇、应对低碳约束、改善对外直接投资模式，已成为建设"资源节约型环境友好型"社会的新思路。在至关重要的低碳技术储备上，与发达国家相比，我国明显不足，整体发展水平也很低。虽然清洁发展机制（CDM）给我们带来了一定的节能减排技术外溢，但是让渡核心技术的商业化成本仍然太高，单靠吸引国外投资获取低碳技术外溢已无法解决我国碳减排的压力。要想在全球低碳经济背景下占得先机，在国际竞争中获取优势，紧紧围绕清洁技术创新这个关键问题实现对外投资的转型十分重要。

　　本书首先以对外直接投资的演进趋势为切入点，运用对外直接投资与碳排放的相关数据，对低碳经济背景下跨国投资的发展轨迹做了简要回顾，由此阐述了跨国投资由碳污染转移模式向清洁技术投资模式转型的动态演化进程。在此现实背景下，本书总结了我国对外投资的现行模式，并且从东道国的碳排污标准、碳税负担以及环境信息公开制度三个视角考察了我国对外直接投资模式与低碳经济背景的耦合程度。研究表明，国际气候政策严苛的现实背景下，我国对外投资产业具有高能耗、高排放的弊端和潜在风险，难以与气候政策环境耦合；同时，本书对比研究了我国在石油、天然气等传统能源领域的对外投资模式与国际新能源投资的趋势，分析了传统能源寻求型对外投资的限制与监管，探明了冲击我国现行对外直接投资模式的主要原因。

在分析低碳经济背景下发达国家与我国对外直接投资模式现实差距的基础上，本书构建了一个碳交易机会成本、清洁产品偏好、社会福利收益与低碳对外直接投资的数理分析框架，深入研究了我国对外直接投资模式转型的理论基础。通过假定低碳约束条件下，企业碳交易的机会成本及其低碳研发成功概率计算企业碳减排成本，并从产品环境质量偏好的异质性市场出发，对比分析了进行低碳技术研发的跨国企业与不进行低碳技术研发的企业获得利润的概率与高低。在社会福利方面，在给定东道国技术溢出率与排放定价后，本书通过构建模型测算了企业进行减排技术创新所能获得的高于企业收益的额外社会收益。分析表明，当价格不变时，降低成本将促进减排水平的提高，在外生式环境政策的作用下，更多的技术创新将导致社会福利的增加。

本书进而从客体动力、主体动力两个层面剖析我国对外直接投资转型的动力机制。客体动力方面，以经典规制控制理论为支撑，通过建立 Moldina 两阶段动态博弈模型预测了国际气候政策变化的趋势。博弈结果表明，在二氧化碳减排上具有比较优势的企业运用进攻性的威慑战略推动碳公约模式转型，诱使规制方采用刚性的碳公约模式，逼迫劣势企业大幅增加责任减排量，高标准的实施可能导致劣势企业最终因亏损而退出市场。我国跨国企业低碳技术水平低且难以通过自主研发缓解污染，加之中国的新能源开发尚不具备规模，这种情况下转变对外直接投资模式是我国获取核心技术应对国际气候政策日益严苛的现实选择。主体动力则体现在我国开展新型对外投资的潜在收益及国内碳减排的内在要求上。一方面，低碳经济背景下我国开展新型对外投资可获取低碳技术、避开碳关税壁垒以及获取创新补偿的潜在收益；另一方面，我国国内情况不容乐观，通过计量方法对中国国内的碳库兹涅茨曲线（CKC）进行回归分析，实证研究表明，我国以二氧化碳为指标衡量的环境水平还处在碳库兹涅茨曲线拐点的左端。解决当下我国经济增长与碳减排目标冲突的出路之一在于利用对外直接投资渠道发展低碳经济抢占产业制高点。

最后，基于以上的理论框架和实证结果，本书提出了我国对外直接投资模式转型的路径与面临的风险。低碳经济背景下我国对外直接投资路径选择主要可从以下几个方面进行：其一，在投资产业的选择上，我国对外直接投资产业选择可参考能源保障基准、学习与技术寻求基准、市场寻求基准，中国对外直接投资应重点投向新能源技术研发、洁净煤技术开发与应用、碳捕获和封存技术（CCS）等发展低碳经济的关键技术领域；其二，在投资主体的选择上，低碳经济背景下我国对外直接投资宜使用大型企业集团为主、中小企业随后跟进的策略；其三，在投资方式的选择上，应灵活选择进入模式发展传统型行业和新兴型低碳产业，着重考虑跨国并购的投资方式。但在对外直接投资模式转变的过程中，我国低碳产业投资将面临更多的新风险，如碳排放许可的价格难量化的价格风险，低碳投资项目中的碳排放许可（限额）生产成本的预期不确定性的成本风险，及低碳投资项目中可产生的碳排放许可或配额结余的预期不确定性的数量风险。其四，从对接东道国碳排放标准、推动低碳技术寻求型对外投资、参与国际气候政策制定、控制低碳对外投资等方面提出推动对外投资模式转型的政策建议。

谭飞燕

2014 年 6 月

目　　录

第1章 绪 论

1.1 研究背景及意义

1.1.1 研究背景

低碳经济是以低能耗、低污染、低排放为基础的经济模式。低碳经济的实质是高能源利用效率和清洁能源结构问题，核心是能源技术创新、制度创新和人类生存发展观念的根本性转变。在全球气候变暖的背景下，欧美发达国家大力推进以高能效、低排放为核心的"低碳革命"，着力发展"低碳技术"，并对投资、产业、能源、技术、贸易等政策进行重大调整，以抢占先机和产业制高点。在全球正全力发展低碳经济的今天，我国企业对外直接投资需积极转型升级。选择"低碳经济背景下中国对外直接投资模式转型研究"作为本书研究的主题，主要是基于全球低碳约束的现实问题以及我国对外投资发展阶段的综合考虑。

从现实背景来看，气候变暖已严重威胁到人类的可持续发展，在英国石油公司发布的《2030世界能源展望（2012版）》中预计，全球能源消费总量将增加39%，2100年全球的气温将上升6摄氏度。这将给人类的生存和发展带来严峻的挑战。全球变暖的主要原因是人类活动导致的以二氧化碳为主的温室气体的排放，为应对全球能源稀缺及气候变暖的挑战，2003年，英国首次将发展以低能耗、低污染、低排放为特征的低碳经济提入政府文件——政府能源白皮书《我们能源的未来：创建一个低碳经济体》。2005年2月16日，《京都议定书》正式生效。其中规定，2005~2012年发达国家必须将温室气体排放水平在1990年的基础上平均减少5.2%，这是人类历史上首次以法规的形式限制温室气体排放。2008年7月，八国（美、日、俄、德、法、英、加、意）集团峰会上，首脑发表宣言，同意至2050年将温室气体减排50%作为全世界的目标。至此，主要发达国家越发重视发展低碳经济，欧盟视低碳经济为

"新的工业革命"，美国将低碳经济作为重振经济的战略选择，日本将低碳社会作为发展方向，低碳经济已经深入世界经济发展中。随着《京都议定书》的生效及世界经济向低碳经济转变，跨国低碳投资已成为对外投资的新潮流。据联合国贸发组织估算，2009 年仅流入可再生能源、循环再利用领域及与环保技术有关的产品制造领域这三个主要的低碳行业的对外直接投资就达到了900 亿美元，如果加上建筑、交通运输等领域的低碳投资，这一数值将会更大。显而易见，跨国公司已经开始在全球范围内积极进行低碳投资。未来二十年，全世界节能产业的投入将接近 76000 亿美元，其中，中国约占了 40%，将达到近 200000 亿元人民币。在可再生能源领域的绿地投资上跨国公司主要集中在发达国家，其中超过 25% 的跨国公司在发展中国家进行投资；对循环领域的绿地投资项目主要是制造业，并且目前已有部分跨国公司开始对东道国的本土企业提供低碳服务；太阳能吸热板等环保产品制造业是一个比较新的产业，跨国公司的主要投资地区是发展中国家。从深层次的原因上看，在低碳领域对外直接投资的快速增长是与目前世界经济形势向"低碳化"转型的趋势是密不可分的。在经历了大约两百多年前开始的工业化以及二十多年前开始的信息化之后，世界经济目前的趋势是走向"低碳化"。以信息化和信息产业为核心的经济增长周期已渐消退。在发生国际金融危机后，为了带动经济快速复苏，低碳经济普遍成为新的经济增长点和发动机。跨国公司对海外领域的直接投资既符合本身的战略需要，又符合东道国产业转型升级的指引方向，因此可以实现双方共赢。就跨国公司本身的利益角度来说，因为它们掌握全球最核心、最主要的低碳技术，低碳领域的海外投资有利于技术输出，并且能综合发挥技术优势从而实现其经济利益。从东道国的角度来看，引进低碳领域的外资，能够帮助东道国引进先进节能技术、改进生产工序、提高出口竞争力、改善国内环境、缓解能源供需矛盾和加快向低碳经济转型等。低碳领域的直接投资在未来将会快速增长，成为新一轮的投资热点。

在此背景下，我国对外直接投资也应迅速升级转型。据商务部、国家统计局、国家外汇管理局联合发布《中国对外直接投资统计公报》指出：目前中国已经进入对外直接投资的高速发展阶段，中国对外直接投资流量从 2000 年的 5.5 亿美元上升至 2012 年的 878 亿美元的历史新高，同比增长 17.6%，首次成为世界三大对外投资国之一。联合国贸发会议（UNCTAD）《2010 年世界投资报告》显示：2009 年全球外国直接投资（流出）流量 1.1 万亿美元，年末存量 18.98 亿美元，以此为基期进行计算，2009 年中国对外直接投资分别占全球当年流量、存量的 5.1% 和 1.3% ，2009 年中国对外直接投资流量名列全球国家（地区）排名第 5 位，发展中国家（地区）首位。同时我国商务部网站发布消息：2013 年，我国境内投资者共对全球 156 个国家和地区的 5090 家境外企业进行了直接投资，累计实现非金融类直接投资 901.7 亿美元，同比增长 16.8% 。其中，地方企业对外直接投资占比达到 36.6% 。2014 年 1 月我国境内投资者共对全球 128 个国家和地区的 865 家境外企业进行了直接投资，累计实现非金融类对外直接投资 72.3 亿美元，同比增长 47.2% 。截至 1 月底，我国累计非金融类对外直接投资 5329 亿美元。尽管中国企业海外投资近年快速上升，但由于部分企业没有考虑当地的生态环境，结果投资受到抵制或遭遇违约，招致重大损失。商务部发布的《中国对外贸易形势报告（2014 年春季）》指出，2014 年中国外贸发展面临的环境略好于上年，中国外贸具备实现稳定增长的条件，但困难和挑战较多，形势严峻复杂的一面不容低估。该报告称，在全球经济低速增长、失业率总体偏高的情况下，一些国家为了维护本国产业的市场份额，仍在实行各种形式的贸易保护主义。不仅发达国家层层设置贸易壁垒，一些发展中国家也频频出台新的贸易限制措施，中国是近年来全球贸易保护主义的最大受害国。据商务部的数据显示，2013 年中国共遭遇 19 个国家和地区发起的 92 起贸易救济调查，比 2012 年增长了 18% ，其中新兴经济体和发展中国家发起的案件约占 2/3 。2014 年第一季度，中国又遭遇 11 个国家和地区发起的 27 起贸易救济调查，同比增长 23% ，其中美国对中国多个产品发起反倾销反补贴调查。国际竞争日趋激烈，贸易摩擦已成为影响中国出口稳定增长的重要因素。在全球低碳经济背景下，我国对外直接投资也将面临日趋严峻的环境规制，企业的对外投资行为将存在严重的环境风险，过去由于一些企业环境意识薄弱，加之我国政策法规存在缺陷特别是缺乏对外投资可持续发展战略，一些对外投资项目破坏了生态或污染了环境，引起国际舆论的重大关注，甚至形成"中国环境威胁论"的舆论形势，对我国的国际形象造成了损害。我国对外直接投资和援助项目涉及矿产资源开发、石油、加工制造及基础设施建设等行业，主要集中在东南亚、非洲、拉丁美洲等地区。这些地区的生态环境非常脆弱，容易引起生态环境问题。权威人士告诫，目前中国海外投资中环保争议较多的主要集中在水电开发、林业等资源开发利用类项目。经济合作与发展组织目前正在全世界范围内推广环境税赋的税收转嫁和补偿制度，2010 年 11 月发布了其最新的《税收、创新与环境》报告，该报告在分析了包括韩国、日本、西班牙、瑞典、瑞士、英国和以色列等国的环境税收制度后提出，通过税收转嫁和补偿等方式向高碳产品征税，将为绿色创新和经济增长带来显著的推动。环境税收和税收转嫁将通过温和与渐进的方式，税收将作为企业渐进式转移生产方式的重要手段，使企业得以从污染大户往更加绿色环保的方向转变。为此，我国政府加强了相关的自我约束措施，商务部从2009年3月出台《对外投资管理办法》，同年开始编写《对外投资合作国别（地区）指南》，并且每年进行发布，同时相关部门已经展开了中国对外投资和援助企业环境保护政策研究，组织编制《中国海外企业环境行为规范指南》，将环境影响评价、协议保护机制、生态补偿（生态服务费）和企业社会责任纳入其中，要求中国海外所有在建和已建项目配套必要的环保设施，如污水和垃圾处理设备等。同时，中国在海外投资或参与援建的企业须对建设项目进行环境影响评价，并对项目带来的生态破坏进行补偿。环保指南还将鼓励国内银行采取绿色信贷制度，在发放贷款的时候将企业的环境保护情况作为考察指标。随着我国对外投资法律监管体制的逐渐完善，我国将制定更加全面、细致和规范的准则和标准来促进中国对外投资企业与国际接轨，以适应日趋严苛的全球低碳约束。

1.1.2 研究意义

从经济发展现实来看，盲目对外投资已不合时宜。从理论和方法的角度来看，低碳背景下中国对外直接投资模式转型的研究仍为空白，论证方法也存在不足。借鉴已有的研究成果，结合低碳经济背景及中国对外直接投资发展的实际，本书试图在理论和指导实践方面都能获得一定的成果。

理论上，本书通过借鉴 Moldina 两阶段动态博弈模型预测了国际碳公约由双轨制向单轨制，由宽松向严苛转变的趋势。产生这样结果的根本原因是优势企业在减排利润与成本上与劣势企业存在较大差异。清洁技术优势企业在双轨制碳公约模式下，会放弃原有的保守性碳减排策略转而采取积极的进攻性策略，一方面自身积极增加减排量，另一方面诱使规制方采用刚性的碳公约模式，即单轨制减排原则，逼迫劣势企业履行刚性减排义务。因此，本书首先以博弈论的方法动态模拟了国际投资的政策环境，从碳约束政策走向这一较为新颖的视角分析了我国对外投资模式转型的必然性。其次本书从微观视角讨论了企业在低碳约束下符合自身利益最大化的行为策略。低碳约束作为一种限制企业碳排放的手段，势必会给相关企业带来额外成本负担并影响其竞争力，企业从本身的经济绩效考虑，必然会采取相应的策略，或消极对抗，或积极配合，这取决于企业战略定位、自身技术状况等内部因素及碳约束强度、竞争企业的行为、市场环境等外部因素。本书清晰诠释了在刚性碳公约下企业必须更新系统设备，提高低碳技术投入，将低碳技术或低碳产品作为影响经营战略的重要因素进行考虑。这在相当程度上论证了企业在低碳约束下进行清洁技术革新的可行性，为我国对外投资模式转型提供依据。

本书的实践意义可以从以下两个层面概括：第一，我国的经济发展既处于高能耗阶段，也处于高碳时期，经济发展与减排目标双重压力矛盾突出。能源是经济增长的引擎，我国经济的高速增长使能源需求始终保持强劲增长。但与此同时，我国也面临较大的二氧化碳减排压力。我国的国情决定了解决当下矛盾的双重出路。一方面，加强对外直接投资的转型，包括提高对外直接投资进入的环境标准，加大引入清洁技术、节能环保的低碳投资，积极参与清洁发展机制下的项目；另一方面，积极寻找新的突破口，我国可利用对外投资的发展空间，顺应趋势，寻求先进低碳技术促进国内产业结构升级与碳排放的降低。第二，受到全球新排放标准与约束性政策措施陆续推出，投资东道国碳税与排污收费标准相应提高等因素的影响，中国对外直接投资面临越来越严苛的低碳经济制约。同时，低碳经济也为中国对外直接投资转型提供了机遇。在低碳经济背景下，中国对外直接投资有利于帮助企业避开碳关税壁垒，扩大市场份额，获取低碳技术，促进节能减排，同时对欠发达国家的投资，在转移我国碳排放的同时也极大地提高了东道国能源利用率，并使跨国企业通过创新补偿获得竞争优势。鉴于目前几乎没有文献研究低碳经济背景与对外直接投资相关性问题，分析目前低碳环境规制和低碳环境政策能否影响现有我国对外直接投资模式，以及如何引导对外直接投资清洁化，增强国际低碳技术的转移合作，降低国内减排压力等问题具有重要的现实意义。

本书的实践意义还体现在对我国对外直接投资模式转型的指导上：在投资产业的选择上，中国对外直接投资应重点投向新能源技术研发、洁净煤技术开发与应用、碳捕获和贮存技术等发展低碳经济的关键技术领域；在投资主体的选择上，低碳经济背景下，我国对外直接投资宜遵循大型企业集团为主、中小型企业为辅，以大企业的投资带动中小企业对外直接投资的发展思路；在投资方式的选择上，低碳经济背景下中国传统行业的对外直接投资要着重考虑跨国并购的投资方式。通过技术贸易的方式很难获得核心技术，而通过跨国并购的方式直接买下拥有先进低碳技术的欧美日等发达国家的企业可以直接获得技术和相关生产设备，迅速进入市场，同时还可以减少市场竞争。

1.2 文献综述

1.2.1 对外直接投资的理论演进过程

从对外直接投资的理论研究的发展路径看，早在 20 世纪 60 年代，西方学者就开始关注发达国家对外直接投资行为，主要针对发达国家资本要素在国家之间流动的动机、区位选择以解释跨国公司对外投资行为。根据学者研究的时代背景以及其阐述的核心思想，大致可以将这些理论划分为三个阶段：第一个阶段是 20 世纪 60 年代前，资本要素的国际流动理论被广泛用于解释对外投资行为；第二阶段为 20 世纪 60 年代至 70 年代末，以对外直接投资理论为主导；第三个时期是 20 世纪 80 年代初期以后，对外投资理论进一步衍生发展，解释了诸多新兴对外投资行为。

早期海默（Hymer，1960）提出的所有权优势理论被视为具有典型意义的理论假说之一。他在其撰写的博士论文《我国企业的跨国经营：基于 FDI 的研究》中阐述了跨国公司进行对外投资的两个主要动机：其一是降低风险增加收益；其二是利用国家市场的不完全竞争特征和厂商特定优势的独占性，即垄断优势扩大利润空间。这一观点被概括为著名的"所有权优势"理论假说。金德尔伯格（Kindleberger，1969）在其发表的学术研究中不断加深这一理论的内涵，做了多次修正和补充。众多学者也将研究的目光集中在此理论假说上，对该理论的发展做出了贡献，例如，约翰逊（Johnson，1968）、赫尔斯（Horst，1978）、卡夫斯（Caves，1982）分别从知识转移、产品异质化能力、出口与投资比较模型以及垄断优势的界定上分别阐述了所有权优势理论，使之成为跨国公司理论的奠基之作。内部化理论被视作另一个早期较有影响力的理论假说，该理论从中间产品市场的不完全竞争性解释了跨国企业对外投资行为，理论的创始者巴克利和卡森（Buckley & Casson，1976）强调，通过建立跨国界的内部化组织，可以克服中间产品市场不完全的影响。只要对外直接投资的总收益大于市场交易成本内部化成本的总和，企业就可以使中间产品在国际市场上被顺利让渡。而尼克博格（Knickerbocker，1973）认为，跨国公司在国际市场上处于寡占位置，这种市场结构的特征使得少数几家企业拥有市场博弈的能力，因此占领新的市场就成为了对外直接投资的主要动机。如果单个跨国企业进行了跨国投资，同业竞争的企业很可能会跟进该市场，维持在该市场的竞争关系，实现在新市场的均衡状态。如果市场均衡被打破，新一轮的动态竞争又会上演，直到新的均衡状态再现，才会维持一种相对静止的状态。所有权优势理论较好地解释了寡占市场，如汽车、计算机、IT 等领域出现的跨国并购现象。

最具包容性、评价较高的理论假说来自邓宁（Dunning，1977）提出的国际生产折衷理论。该理论具有高度概括性和综合性，属于跨国公司投资理论的主流学说，并被许多学者视为跨国公司的"通论"。根据 Dunning 创立的国际生产折衷理论，企业跨国投资的优势来源于三个方面：所有权优势、内部化优势、区位优势。所有权优势是跨国公司对外直接投资的基础，内部化优势是企业对外投资的支撑，区位优势是跨国公司有利的外部条件，直接影响着对外投资国际化生产体系布局。

20 世纪 70 年代末期以后，探讨对外投资的研究进一步横向拓宽和纵向深入。横向维度上，研究的对象不再局限于发达国家，新兴的发展中国家对外投资行为给理论界提出新的研究方向。1977 年，美国学者 Wells 提出了小规模技术理论。他指出，与传统发达国家的绝对优势不同，发展中国家跨国公司的竞争优势主要来自于低生产成本，而成本的低廉源于母国的市场特征。虽然发展中国家经济技术相对落后，但在一些方面具有相对优势，发展中国家的企业主要以对外投资的方式引进次级技术生产西方国家较为成熟的产品。20 世纪 80 年代，英国学者 Cantwell 提出了技术创新产业升级理论，以此解释发展中国家和地区的海外投资动机。他的理论思想主要阶段性地描述了技术累积的动态过程，强调发展中国家通过前期的对外直接投资的经验获得、提升局部技术，为后期对外直接投资的技术积累奠定基础。该理论认为技术积累是跨国公司从事海外投资的内在动力，技术寻求和利用才是跨国公司的投资目的。20 世纪 90 年代，Kogut 和 Chang（1991）开创性的提出无技术优势企业的技术寻求型对外投资，他们认为日本无技术优势企业通过购买兼并美国和欧洲的当地企业获取对方先进技术。皮卡斯和辛格（Pearce & Singh，1992）的研究表明，跨国公司采用研发国际化的策略目标，一方面是迎合当地的客户需求、采用本土的智力资源、降低研发风险，另一方面也在于建立全球化的科研网络体系，追踪一流的技术更新趋势，吸收先进的科研技术。

纵向维度上，全球宏观政策环境、产业中观环境和跨国公司市场环境出现了新特征，在原有邓宁的国际生产折衷理论体系研究范式下补充了大量新吸收的成果，其中不乏吸收交叉学科的研究。值得注意的一个理论分支是环境学与对外投资理论的结合，该理论的核心思想是，资本和商品在全球范围内自由流动，厂商间竞争加剧，从而降低了生态可持续性的标准，因此，全球环境恶化的"元凶"之一是国际化分工与合作，对外直接投资是主要的载体。总体来看，国际化转移过程与生态环境之间存在难以调和的冲突。原因在于环境规制的滞后性与地区差异性加之缺乏统一的国际规制机构制定、监督全球环境标准，国际化分工与合作过程造成生产转向环境标准低的国家和地区。在治理方面，环境经济学家强调，对外直接投资容易造成发展中国家追逐短期利益，出于长期可持续发展的考虑，应该有选择性的参与国际自由化过程，把生态环境与经济活动的目标结合起来。

1.2.2 对外投资与污染产业转移理论

20 世纪 80 年代后，环境保护和对外直接投资关系议题开始成为理论界关注的热点问题之一。对外直接投资是否以"产业外逃"的形式寻求环境上的"双重标准"，环境质量差异是否成为邓宁研究范式下的区位优势？随着该领域的研究逐步深入，学者们提出"污染天堂"假说（该假说也称"污染避难所假说"或"产业区位重置假说"，主要指污染密集产业的企业倾向于建立在环境标准相对较低的国家或地区。在完全贸易自由化条件下，产品价格与产地无关。而现实世界里，由于存在运输成本与贸易壁垒，贸易自由化通过套利机制使产品价格趋于一致。当产品有统一的价格时，生产成本决定生产区位。如果各个国家除了环境标准外，其他方面的条件都相同，那么污染企业就会选择在环境标准较低的国家进行生产，这些国家就成为污染的天堂）、"向底线赛跑"假说（该假说认为环境标准低的国家拥有较强的比较优势，此时，为了维持竞争力就会降低其环境标准，出现"向底线赛跑"）论述国际资本流动与污染产业转移的关系。"污染天堂"假说由 Water 和 Ugelow（1979）、Water（1882）提出，该理论在吸收了国际贸易中经典的资源禀赋理论（H－O 理论）后认为，国际资本的流动与国际分工不断加深，环境管制宽松的国家具有生产污染密集型产品的比较优势，加之考虑到对外直接投资对经济发展的重要作用，这些国家往往以宽松的环境管制吸引外商直接投资，从而使污染密集产业不断发生国际转移，其流向一般是从发达国家向发展中国家转移。后经过Xing 和 Kolstad（1996）的论证，"污染天堂"假说有三个前提条件：一是，环境规制致使污染密集产业的生产成本增加；二是，环境政策存在级差，驱使新的投资转移到低环境标准的地区；三是，某些中间商品受限，使得生产者不得不考虑重新选址进行生产。三个前提条件可归结为：成本差异、政策级差与生产限制。Baumoland Oates（1998）针对日益显现出来的污染产业转移，从理论上对"污染避难所"假说进行了系统的证明，作为环境标准较低的发展中国家，已经发展为污染产业转移的污染聚集地。以"污染天堂假说"为前提，"向底线赛跑"假说实际是前者的一个推论。该假说认为，发展中国家间为了吸引外商直接投资竞相降低环境标准，致使这些国家向"地狱般的、让底层民众受尽折磨"的污染水平收敛（Wheeler，2001），最后引发的"工地悲剧"令某些国家环境标准体系崩溃。然而，Wheeler（2001）也强调"向底线赛跑假说"是有瑕疵的：首先，区位优势中东道国的环境标准并不一定是决定性的因素；其次，投资对东道国的经济发展有良性刺激作用，当收入增长后能增强环境管制意识。巴格瓦蒂（Bhagwati，1993）的观点是，"向底线赛跑假说"的观点太过理论抽象化，在实际中未必正确。

众多文献对上述两个假说进行了实证分析，正如 Wheeler 和 Bhagwati 所强调的，理论假说的成立依赖于一定的前提条件、数据来源和估计方法，经验分析的结果有一定的分歧。Duerksen 和 Leonard（1980）考察了环境控制成本的差异是否会使污染产业转移，研究结果发现在化工、造纸、冶金等领域的外商直接投资集中在环境标准较高的工业化国家，而非环境管制标准较低的欠发达国家。Gray 和 Walter（1983）发现西欧存在环境规制影响下的投资转移，铁合金企业、铜加工业、石棉企业、石油加工业是潜在的投资转移对象。与其类似的，Leonard（1984）考察铜、锌、铅行业也发现投资转移。He Jie（2006）构建了一个动态回归模型分析外商直接投资和最终工业二氧化硫排放量的关系，发现"污染天堂"假说的存在。数据分析表明，外商直接投资资本存量增加1%，二氧化硫排放量将随之增加0.098%。Eskeland 和 Harrison（2003）利用美国的外商直接投资面板数据发现的结论不支持"污染天堂"假说，甚至发现外商比本地企业使用了更清洁的能源。Dean（2004）首先在 Copenland 和 Taylor 的模型（该模型是在一个由污染控制成本和要素禀赋共同决定贸易模式的模型基础上，利用44个国家的109个城市的面板数据，对贸易自由化与二氧化硫排放密度的关系进行了实证研究，结果发现贸易自由化降低了污染排放密度）的基础上，建立了考虑内部省市环境管制差异的模型。利用制造行业 EJV 项目的数据，发现对外直接投资不仅受污染控制力度的影响，也受劳动力富裕程度和劳动力水平的影响。

最早深入以中国为例检验"污染天堂"假说的是夏友富（1999）。他的研究表明通过外商直接投资渠道向中国转移污染密集型行业是不容忽视的。而赵细康（2002）的研究发现，从整体上看，对外直接投资并未呈现出大规模转移污染的倾向。但是从部门来看，污染密集型边际产业的相对规模大于外资企业的平均规模，而这些边际产业客观上对我国的环境造成了一定的负面效应。潘志彪和余妙志（2005）考察了江浙沪三省市外商直接投资与环境污染加剧的格兰杰因果关系检验，其结论认为，三省市吸引的外商直接投资增长是导致该区域的环境污染加剧的原因之一。利用中国 29 省市的面板数据建立联立方程，He Jie（2006）考察中国对外直接投资与工业二氧化硫排放量之间的关系，分析结果表明当对外直接投资增加 1%，工业二氧化硫排放会增加0.098%，对外直接投资对环境的总效应是负面的。沙文兵和石涛（2006）再次印证了夏友富的观点。他们利用 30 个省市的面板数据，对外商直接投资的环境效应进行测度，计量结果显示，"三资"工业企业资产规模每增加 1%，工业废气排放量增加 0.358%。徐惠明（2005）定性描述了外商直接投资对昆山的环境效应，说明外商直接投资对该地区产生环境正效应，论证了"污染天堂"假说不成立。

在全球气候变暖越来越严重的背景下，部分学者直接考察了产业转移与碳排放的关系。Beata K. Smarzynska 和 Shang - Jin Wei（2001）选取二氧化碳、铅排放和废水作污染指标，利用 24 个欧洲转型国家企业层面数据估计了对外直接投资对东道国的环境影响，并认为，在一定程度上"污染天堂"的假说得到印证，发达国家通过对外直接投资路径向发展中国家进行了污染转移；但其没有通过相应的稳健性检验，结果并不算显著。Keller 和 Levinson（2002）也发现减排成本对美国吸引的外商直接投资有影响，再次印证了"污染天堂"假说。Xing 和 Kolstad（2002）利用美国化学、初级金属、非电气机械、电气机械、运输和食品工具六个部门的外商直接投资流向分析投资接受国的碳排放，发现比较宽松的环境确实吸引了外资。Hoffmann（2005）利用 112 个国家的面板数据对外商直接投资流入与二氧化碳的排放进行格兰杰因果关系检验，结论发现：在低收入国家，外商直接投资流入的格兰杰原因是二氧化碳的排放量；在中等收入国家，二氧化碳引起了外商直接投资流入；而高收入国家，未发现两者之间存在格兰杰因果关系。这就证实了低收入国家成为"污染天堂"。Andrew K. Jorgenson（2007）采用固定效应模型，利用 1975～2000 年 37个不发达国家的数据，考察了外商直接投资与东道国的污水排放以及二氧化碳排放的关系。结果表明，对于不发达国家来说，外商直接投资对东道国的污水排放和二氧化碳排放带来了显著的负面影响。然而，Richard Perkins 和 Eric

Neumayer（2008）利用二氧化碳排放和二氧化硫作为污染指标，研究了114个国家1980~2000年的面板数据，他们认为，外商直接投资对这些国家的二氧化碳排放效率具有明显的提升作用，而贸易对东道国二氧化碳排放效率的提升也有类似作用，不过主要通过进口实现。Richard Perkins 和 Eric Neumayer（2009）再次运用二氧化碳、二氧化硫排放指标，考察了98个不发达国家1980~2005年的数据，仍然得出了外商直接投资有利于东道国二氧化碳排放效率的提升。在投入产出模型的框架下，Ahmad 和 Wyckoff（2003）分析了24个国家14%的二氧化碳排放是贸易隐含碳排放；相类似地，Julio Sanchez-Choliz 和 Rosa Duarte（2004）分析了西班牙的相关情况，发现隐含碳净出口量仅占总需求排放的1.31%，各国部门之间的贸易隐含碳水平差异明显。Machado（2001）等测算了巴西国际贸易中的隐含碳，结果表明，巴西是隐含碳的净出口国。而 Peters 和 Hertwich（2006）利用多区域投入产出模型反分析了挪威的隐含碳排放，发现如果以本国技术水平生产计算的进口产品比，低估了挪威的二氧化碳排放。Peters 和 Hertwich（2008）对87个国家2001年的隐含碳测算表明，平均约21.5%是贸易隐含碳排放，发达国家为是隐含碳排放的净输入者，而发展中国家为净输出者。

我国作为碳排放的大国和贸易大国，近年来学者们也开始考察碳排放对我国的转移程度。Shui 和 Harriss（2006）估计，1997~2003年美国通过进口中国商品转移了约7.4%的二氧化碳排放。Li 和 Hewitt（2008）以英国为例，测算出2004年中英双边贸易中的碳排放转移，发现中英贸易转移碳排放占英国二氧化碳排放量的18%。张晓平（2009）利用2000~2006年进出口商品分类数据，也对我国货物二氧化碳排放进行了分析。结果表明，高达30%~35%的二氧化碳年排放总量归因于满足国际市场的产品需求，从趋势上看，中美贸易转移到中国的二氧化碳占美国本土碳排放总量的比重增加了2.9个百分点，而欧盟贸易净转移的比重则从1.3%增加到5.1%。此外，刘强等（2008）、齐晔等（2008）利用不同方法也得出中国外贸出口中隐含大量二氧化碳排放的类似结论。而 Yanli Dong（2010）根据中国和日本1990~2000年的投入产出表数据和指数分解方法，发现双边贸易规模的扩大对二氧化碳排放量增长影响明显，而中国能源强度的下降是减少对日本净出口隐含二氧化碳排放的主要原因。闫云凤和杨来科（2010）也采用投入产出法分析了影响我国出口贸易隐含碳排放的因素，研究的结果表明：1997~2005年我国出口隐含碳排放增加了14.64亿吨（202%），隐含碳增长的主要原因在于中国出口量的上升，其的贡献率达257%；生产和出口结构的调整分别使之增长了65%和5%；排放强度的降低也就是技术水平的提升只抵消了105%。

1.2.3 环境规制、清洁技术创新与对外投资

与更严厉的环境管制使跨国公司向低环境标准的国家转移"肮脏"产业的观点不同，另一派观点认为更严厉的环境管制促进跨国公司的技术创新以增强其竞争力，环境约束使对外直接投资对东道国环境产生积极影响。这种积极影响主要是基于"波特假设"对外资技术外溢的考虑，"波特假说"认为严厉的环境管制政策可能增加企业的边际成本，这可激发企业开发新的清洁生产技术，跨国企业受到全球低碳竞争压力，而不得不提高环境标准，从而改善东道国环境状况（Porter & Linde，1995）。像市场竞争压力一样，环境管制压力有利于鼓励清洁产品创新和清洁生产（Porter，1991，1995），这些创新可以改进污染控制技术，部分或全部抵消规制的费用成本，使跨国公司在竞争中获取明显的优势并对东道国生态环境产生正效应。而东道国自身因素也会对跨国公司设立的分公司的环境管理产生影响。联合国贸易和发展会议（1993）对跨国公司环境业绩的全面考察表明，出于对生产和管理上规模经济的考虑，跨国企业倾向于取得更好的环境业绩和建立更完善的环境管理体系，但发达国家对发展中国家直接投资的环境管理更多地受到发展中国家自身环境规制的影响。Henriques和Sadorsky（1996）认为跨国企业的环保计划面临来自东道国股民的压力。东道国股民对环境标准的较高要求迫使跨国企业采用环保技术，跨国企业迫于东道国股民压力被动产生了正环境效应，但该效应随东道国股民与企业间的地理距离和"制度距离"的加大而减弱。东道国的金融约束也会对跨国公司的环境技术投资产生影响。国际资本流动意味着将国外的储蓄转换为资本，进而促进环境友好型资本设备的投资。但类似国际信用控制及外汇管制等金融约束手段实际上阻碍了环境友好技术投资（OECD，1992，1996）。Bomstrom和Kokko（1996）、Jaffe（1995）、Cope和Helpman（1995）认为跨国公司的对外直接投资会对东道国的环保技术产生正溢出效应，投资国对跨国公司的知识产权保护强度决定了其正溢出效应的程度。具体而言，Blomstrom和Kokko（1996）、Blomstrom和Wolff（1994）指出一方面雇佣跨国公司原来的员工，尤其是接受过跨国公司技术培训的员工，相当于使东道国企业获取了本国无法提供的专业技术知识，从而产生正溢出效应，另一方面跨国公司技术培训的提供和单轨制的环境质量要求在一定程度上促进了上游企业提升技术效

率，同时对供应商也产生了溢出效应。

源于"波特假说"，"污染晕轮"假说进一步指出，执行单轨制的环境标准会给公司带来"技术利润"的同时，跨国公司在东道国推行的国际环境质量标准体系认证、带来的先进生产工艺（如清洁生产技术）及其因此而强化的社会责任意识，能够促进东道国环境保护的发展和环境友好技术的扩散，对东道国生态环境产生正效应。大多数研究（Pearson，1987；Warhurst & Isnor，1996；Birdsall & Wheeler，1993）认为，环境标准的国际化随跨国公司的海外投资而生。由于更容易成为东道国环境恶化的"替罪羊"以及执行统一的环境标准比在执行差别化标准更有效率，跨国公司更倾向于采用全球统一的环境标准。Clmidheiny（1992）、OECD（1995）认为资本市场的日益国际化和以对外直接投资为媒介的生产过程的国际化会对生产的环境特性产生重要的影响，尤其是对环境技术，国际资本流动有利于促进环境友好型技术的使用和扩散。Grossman 和 Helpman（1995）认为技术是投资国企业与东道国竞争对手相比最重要的竞争优势，外资对东道国环境的损害较小，因外资带来的技术通常比东道国更为先进。通过环境产品和服务产业的扩张推动，对外直接投资也促进了环境友好技术的扩散。Duchin（1995）指出污染治理设备及相关服务的总销量达到了 2000 亿美元，且以年 50% 的速度增长，其中 90% 的生产和服务发生在经济合作与发展组织国家。Eskeland 和 Harrison（1997）对委内瑞拉、墨西哥和科特迪瓦等三国的对外直接投资的环境绩效进行研究发现，较少的单位产出能耗、较清洁的使用能源与对外直接投资之间存在相关关系。Blackman 和 Wu（1998）对外资在中国电力工业的直接投资企业环境业绩的研究发现，外资先进的环境管理和发电技术，以及中国企业与外资企业的竞争，显著地降低了中国电力工业企业的废物排放量，可见引入良性竞争并积极地管理竞争也是造成"光晕效应"的原因之一。从专业化分工的角度来看，对外直接投资有利于提高世界范围内的专业化分工程度，使污染治理活动和生产活动都具有规模效益递增的特征（Lyuba Zarsky，1999）。Lyuba Zarsky 进一步指出跨国企业可能在某些领域拥有比较先进的技术，也可能更接近"绿色消费"市场，跨国企业的进入不但为东道国带来了先进的管理经验、清洁技术和环保理念，同时先进的管理经验及清洁技术被东道国消化吸收后可以提高生产率和资源利用率，改进生产方式，给东道国带来"污染晕轮"效应。但污染很严重的外资企业不可能带来"污染晕轮"效应，因此这种效应只有在某些特定国家和特定的领域才可能出现，要实现这种效应就要对投资者进行区别对待。Christman 和

Taylor（2001）使用中国118个企业样本发现，中国对外直接投资企业比其他企业更多地采用ISO14000环境管理体系。Frankel（1999）对三种空气污染物采用污染方程和增长方程的联立方程进行研究，发现外资进入有益于一些空气污染物的减排，尤其是二氧化硫。Birdsall和Wheeler（1993）、Frankel（2002）指出跨国公司对发展中国家的直接投资，为其提供了使用先进技术动机和机遇，促使其实现绿色生产或清洁生产，从而有利于全球环境质量的提高和可持续发展。

国内文献对环境规制、对外直接投资及其清洁技术外溢效应的论证较少。Xian Guoming（1999）指出跨国公司对中国的投资，向中国的合作伙伴转让了环境管理技术（指脱硫、固体废弃物和污水处理等技术）以及一些环境服务项目和清洁生产项目，如天津诺德公司与其在欧美的公司采用同样的环境标准给中国带来了新技术、良好的环境管理办法和基础设施。Xian Guoming（1999）发现，跨国公司的进入实现了环境友好型技术的转移，带动了环保设施的建设，且跨国公司与国内企业合资有助于促进国内企业总体技术水平的提升，降低能耗、减少污染，有利于环境的改善。Wang和Jin（2002）研究发现外资与合营企业在水污染排放密度方面拥有较高的环境绩效。徐惠明（2005）对外商在昆山的投资进行了局部而不具有代表性的定性描述，探讨了投资所产生的环境"污染晕轮"效应，发现外资在昆山地区产生环境效应为正。Liang（2006）研究了外商对中国的直接投资对其二氧化硫排放量的影响，采用1996～2003年中国231个城市的社会、经济和人口统计的相关指标的截面数据，实证结果表明，跨国公司的进入与城市大气污染成负相关，外资对中国的环境效应为正，他认为这是由于跨国公司的进入改变了产业结构，挤出了低效的本土公司，从而提高了生产力和能源利用率及清洁生产技术的采用。

当今，气候变暖对世界经济、社会、生态产生了重大影响，《京都议定书》作为针对温室气体减排的一项特殊环境规制，同样会影响各国的对外直接投资。其中清洁发展机制（Clean Development Mechanism，CDM）作为《京都议定书》中引入的三个灵活履约机制之一，其规定发达国家可通过提供资金和技术，在发展中国家实施具有温室气体减排效果的项目，项目中所减少的温室气体排放量列入发达国家履行《京都议定书》的承诺，即"资金＋技术"换取温室气体的"排放权"。国外众多学者研究发现《京都议定书》的生效，尤其是清洁发展机制的出台，使跨国低碳投资成为对外直接投资的新潮流。Karani（2002）指出发展中国家可以根据自身特点吸引外资，参与清洁发展机制项目：如巴西根据本国生物能源和水力资源丰富的自然情况，吸引外商投资小型水力发电机及发展垃圾堆重新获得气体等项目；印度本国企业规模小，可大力发展清洁发展机制小型项目，虽然项目的减排量没有能源项目大，但是能获得发达国家的资金和技术支持，促进本国经济发展。Fankhauser 和 Lavric（2003）指出对于私人的清洁发展机制交易，对外直接投资可能成为一个有用的，尚未完善的，潜在的清洁发展机制流入方式。朱庆华和王旭东（2003）认为在普通外资或合资商业项目的基础上，对发展中国家实施清洁发展机制项目的直接投资，可促进温室气体减排的实现。我国企业根据《京都议定书》的规定开展和实施清洁发展机制项目，将碳减排量变成有价资产出售给发达国家，可以达到融资和引资的双重目的。Anne Arquit Niederberger 和 Raymond Saner（2005）通过研究清洁发展机制的性质，探索了清洁发展机制和对外直接投资之间的关系，指出清洁发展机制可能成为跨国公司对外直接投资的一个新的决定因素，一旦察觉到清洁发展机制孕育的商机（如通过提高国外子公司能源效率，生产减排信用额①，从而给他们带来竞争优势）或者出于经济利益驱动（如向新市场提供气候友好技术或服务），跨国公司便会对发展中国家进行与清洁发展机制有关的直接投资。可见清洁发展机制为跨国公司国际低碳投资，同时也为发展中国家利用清洁发展机制吸引投资或发展其"减排信用额"交易提供了机遇。在联合国贸易和发展会议（1998）以及 Dunning 和 McKaig-Berliner（2002）的研究基础上，他们进一步分析了在清洁发展机制下，不同类型的对外直接投资的新动机：市场寻求型对外直接投资主要为进入并扩大市场而提供气候友好技术及与清洁发展机制有关的服务（如咨询、佣金及认证）；资源寻求型对外直接投资则为减少温室气体排放、获取东道国清洁发展机制项目审批及减排信用额；效率寻求型对外直接投资，是通过清洁发展机制项目实现低成本温室气体减排，提升国外子公司的技术以补偿减排信用额为其投资的主要动机。而战略资产寻求型对外直接投资可通过国外子公司提供于清洁发展机制相关的服务（如咨询、佣金、认证、市场中介、项目管道、专业知识、获取清洁发展机制市场的排放证书），以提升公司的国际竞争力。由于清洁发展机制项目需要大量的资金，大多数国家没有充足的资金和运作能力单独投资清洁发展机制项目，可以由专门从事投资的各种国际基金组织向发展中

---

① 减排信用额（Certified Emission Reductions，简称 CERs），是指从一个被批准的清洁发展机制项目中得到的，经过对一吨碳的收集、测量、认证所得到的减排指标。

国家的清洁发展机制项目进行投资（Christopher Zegras，2007）。可见，清洁发展机制极大地推动了与之有关的对外直接投资，大多数研究认为该类对外直接投资有利于促进清洁技术的转移和扩散，从而对东道国的碳减排产生积极影响。

Jorgenson（2007），Perkins 和 Neumayer（2008，2009）将二氧化碳视为污染物的一种，实证检验对外直接投资和其他因素对东道国多种污染物排放的影响，发现对外直接投资的技术效应有利于东道国二氧化碳的减排。考虑到二氧化碳的特殊性，Grimes 和 Kentor（2003），Yasmine Merican（2007）和 Acharkyya（2009）运用国家、行业或企业层面的面板数据，专门研究对外直接投资与东道国的二氧化碳排放的关系，研究表明对外直接投资通过技术溢出效应，推动了东道国生产技术进步，继而促进了该国能源消耗强度和二氧化碳排放量的下降。而二氧化碳的捕获和封存（CCS）作为碳减排的一个关键技术，受到了世界各国的重视，为了发展二氧化碳的捕获和封存技术，新的法规和政策陆续出台，与之相关的对外直接投资及合作项目正在世界各地积极开展。Tom Kerra，Ian Havercroftb 和 Tim Dixonc（2009）指出美国，澳大利亚，加拿大，挪威等国应加强交流与合作，通过对外直接投资建立二氧化碳的捕获和封存的全球监管网络，加强信息共享进而促进商业规模的二氧化碳的捕获和封存技术的发展。二氧化碳的捕获和封存技术是一项新兴的低碳技术，起步较晚，而相对于发达国家，其在中国的起步更晚。中国的二氧化碳的捕获和封存技术的国际贸易及专利购买和转让几乎为零，中国引进和吸收的国外二氧化碳的捕获和封存技术绝大部分是通过外商直接投资实现的。殷砚等（2010）采用 2000 ～ 2008 年中国二氧化碳的捕获和封存相关技术的研发存量和在二氧化碳的捕获和封存技术研究领域有所贡献的挪威、英国等 8 个先进国家对中国直接投资研发存量数据，考察中国在这八年中二氧化碳的捕获和封存技术发展和扩散情况，发现先进技术国家的直接投资对我国的二氧化碳的捕获和封存技术的扩散效应为正，显著地促进了我国二氧化碳的捕获和封存技术的进步。

1.3 研究思路与框架

1.3.1 研究思路

围绕着低碳经济背景下我国对外直接投资转型这一核心问题，本书旨在研究以下几个主要问题：低碳经济背景下发达国家对外投资模式的发展趋势对我国现行的对外投资模式有何借鉴意义？低碳政策环境与我国现行对外投资模式能否耦合？我国对外投资模式在理论上是否具备转型的基础与条件？重构我国传统的对外投资模式需要从哪些方面着手？顺应我国对外投资转型的逻辑思路，本书按照提出问题、趋势分析、耦合度分析、理论研究、动机机制分析、政策建议的行文规范，建立一个严密的逻辑框架对本书的写作思路进行描述。

本书的框架建立依赖于我们对中国对外直接投资转型问题的思考逻辑。我们从发达国家对外直接投资发展轨迹出发，阐述其在低碳经济背景下涉猎的新兴投资领域。而后，通过对我国对外投资模式的总结与评价，指出该模式与国际气候政策环境非耦合，对外投资模式转型是必然选择。接着，借助"生产成本—机会成本—消费者偏好—企业收益—社会福利"的逻辑框架，我们在理论上探明了低碳约束下企业对外投资转型的可行性。其后，本书从客体动力、主体动力两个层面剖析我国对外投资转型的动力机制。气候政策趋势对我国传统对外投资模式的冲击是模式转型的客体动力，而主体动力则体现在我国开展新型对外投资的潜在收益及国内碳减排的内在要求上。最后，本书提出了低碳经济背景下重构我国对外投资模式的路径选择，包括投资的重点产业、投资方式与投资主体。

1.3.2 研究框架

根据研究思路和技术路线，本书共分为八个章节，各章具体内容如下：

第1章绪论，对本书的选题背景与意义、文献综述、研究思路及研究创新进行阐述。文献综述是本书切入点的主要依据，为本书的深入研究提供了理论支持。从现有文献来看，迄今为止，关于对外直接投资的研究已经很深入，但是大多都是着眼于发达工业化国家以所有权优势引起的对外直接投资经典理论及其演变，这些理论难以适用于发展中国家的直接投资行为。随着全球气候政策的出台，跨国公司市场环境出现了新特征，碳污染产业转移、清洁技术创新等现象的出现对发达国家与发展中国家的对外投资模式都产生了一定影响。本书认为，通过对这些问题的理论梳理可以为我国对外投资模式转型提供一个分析的框架，理清这些问题的理论根源。随后介绍了本书的研究思路和结构安排，以及本书可能的创新之处。

第2章低碳经济背景下对外直接投资的演进趋势。长期以来，发达国家通过跨国投资的形式将高污染、高耗能产业转移到发展中国家，将发展中东道国看成是污染天堂，而在低碳经济背景下，发达国家的对外投资模式出现了新特征：清洁技术领域的国际投资逐步兴起，成为新一轮国际投资的热点。对低碳经济背景下发达国家涉猎新兴对外投资领域的阐述，为我国的对外投资模式转型指明了方向。

第3章论述了我国对外投资模式与国际气候政策环境的非耦合性。本章分析了我国现行对外投资模式，指出了其在投资产业选择方面具有高能耗、高排放的弊端和潜在风险。而后，本章从低碳投资壁垒与新能源技术利用两个维度分析了低碳约束对我国现行对外投资模式的冲击：首先，东道国严苛的碳排污标准、沉重的碳税负担以及透明的环境信息公开制度将威胁我国"走出去"企业的生存和发展空间；其次，我国寻求传统能源缺口的对外投资现状与国际新能源革命的趋势严重不一致，造成其他各国对于传统能源勘探的限制与监管。

第4章旨在理论上剖析低碳经济背景下我国对外投资模式转型的可行性。本章立足于西方经济学微观理论，借助"生产成本—机会成本—消费者偏好—企业收益—社会福利"的逻辑框架：首先分析了碳交易的机会成本对企业碳减排的影响力度；其次假定垄断竞争的国际市场中消费者对产品环境质量具有不同偏好，分析低碳转型企业在市场竞争中的优势与碳减排量；最后加入东道国的碳排放价格、减排技术创新效率等因素，实际计算出跨国企业的减排收益与社会福利。通过以上阐述，在理论上论证我国对外投资模式转型是否可行的问题。

第5章从客体动力、主体动力两个层面剖析我国对外投资转型的动力机制。客体动力指的是气候政策趋势对我国传统对外投资模式的冲击。清洁技术优势国试图改变双轨制减排原则，转而实行单轨制减排原则，这将对我国现有对外投资模式产生巨大冲击。主体动力则体现在我国开展新型对外投资的潜在收益及国内碳减排的内在要求上。低碳经济背景下我国开展新型对外投资可获取低碳技术、避开碳关税壁垒以及获取创新补偿的潜在收益；另一方面，通过对国内碳库兹涅茨曲线的估计表明，解决当下我国经济增长与碳减排目标冲突的出路之一在于利用对外直接投资渠道发展低碳经济，抢占产业制高点。

第6章提出了我国对外投资模式转型的路径与面临的风险。低碳经济背景下中国对外直接模式转型的路径应该是抓住低碳经济兴起与中国对外直接投资进入快速发展阶段相重合的历史机遇，在投资产业的选择上以能源保障、学习与低碳技术寻求、市场寻求导向为主要基准，使用大型企业集团为主、中小型企业为辅，以大企业的投资带动中小企业的方式，灵活选择进入模式发展传统型行业和新兴型低碳产业。本章的最后分析了我国对外投资模式转型道路上面临的风险与问题。

第 7 章是对本书政策含义和基本论断的总结。在以上的理论框架和实证结果的基础上，本章得到了一些有意义的结论，并就我国对外投资模式转型提出一些相关的政策建议。最后，指出对本书存在的不足及今后研究的发展方向。

第八章是本书的结论部分。

本书的研究思路和技术路线如图 1 - 1 所示：

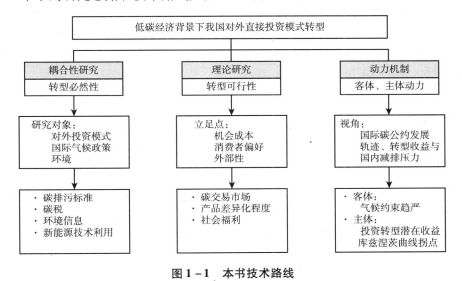

图 1 - 1　本书技术路线

1.4　研 究 创 新

本书的创新点可以归纳为：

第一，以经典规制控制理论为支撑，通过建立 Moldina 两阶段动态博弈模型预测了国际气候政策变化的趋势。博弈结果表明，在二氧化碳减排上具有比较优势的企业运用进攻性的威慑战略推动碳公约模式转型，诱使规制方采用刚性的碳公约模式，逼迫劣势企业的大幅增加责任减排量，而高标准的实施可能导致劣势企业因亏损而退出市场。我国跨国企业低碳技术水平低且难以通过自主研发削减污染，加之中国的新能源开发尚不具备规模，碳公约由双轨制原则向单轨制原则转变将对我国现有对外投资模式产生巨大冲击。

第二，通过对国内碳库兹涅茨曲线的估计表明，解决当下我国经济增长与碳减排目标冲突的出路之一在于利用对外直接投资渠道发展低碳经济抢占产业制高点。国内在二氧化碳排放与经济增长关系研究的文献中，主要的不足是：仅有的二氧化碳库兹涅茨曲线研究，只限于简单地检验二氧化碳排放与人均收入的关系，未考虑其他经济因素与排放之间的关系。本书将在前人研究的基础上，采集了 2002～2012 年中国连续十年的面板数据，加入对外直接投资、产业结构、贸易、外商直接投资等因素，对中国二氧化碳排放作进一步的研究。

第三，立足于西方经济学微观理论，尝试性地构建"生产成本—机会成本—消费者偏好—企业收益—社会福利"的逻辑框架分析低碳经济背景下对外投资转型的微观机制。在"两国两公司"模型中特别加入了碳交易市场下的机会成本以及消费者对清洁产品的偏好两个因素，推导低碳转型企业在市场竞争中的优势与碳减排量。

第四，系统地提出了针对对外直接投资的低碳约束框架设计方案，从当前对外直接投资存在问题和低碳规制视角出发，创新地提出了对外直接投资模式转变机制，从投资的产业、主体、方式的选择上提出一整套模式转变方案，并指出在低碳经济背景下中国发展对外直接投资的总体思路应该是抓住低碳经济兴起与中国对外直接投资进入快速发展阶段相重合的历史机遇，以低碳技术为支撑，以市场化的运作方式与政府促进相结合方式来实现。

第2章 低碳经济背景下对外直接投资的演进趋势

2.1 对外直接投资与碳污染产业转移

2.1.1 全球碳污染转移的总体情况

开放经济条件下，对外直接投资作为经济活动越来越重要的组成部分和一国获取外部资源的重要渠道。对外直接投资的增加也与全球气候变暖"并驾齐驱"，对外直接投资引致的"转移性碳排放"及"隐含性碳排放"不容小觑。

据联合国贸易和发展组织发布的年度《世界投资报告》中显示，2004～2006年对外直接投资流入量连续三年呈现增长，增幅为38%，达13060亿美元，可见世界很多地区强劲的经济表现。2006年对外直接投资在所有三大类经济体（发达国家、发展中国家、转型期经济体）中均有所增长。2007年全球跨国直接投资量达到1.97万亿美元，受全球经济危机的影响，2008年全球跨国直接投资下降到了1.744万亿美元，2009年全球跨国直接投资流量跌至谷底，降至1.185万亿美元。2010年上半年跨国直接投资才出现了缓慢复苏，全球跨国直接投资流量小幅回升至1.244万亿美元，全年已达到1.29万亿美元（如图2-1所示）。跨国公司的全球生产带来约16万亿美元的增值，跨国公司外国子公司的产值约占世界出口总额的1/3。联合国贸易和发展组织认为，短期内跨国直接投资的前景比较光明，2011年全球跨国直接投资流入量已升至1.5万亿美元。其中，发展中国家吸收的直接外资首次接近全球总流入量的一半，相比之下，发达国家的直接外资流入量依旧在下滑。

2010年20个直接外资东道经济体中半数为转型期和发展中经济体，这进一步表明，发展中国家作为直接外资接受方的重要性进一步增加。从发展中国家碳排放总量的发展趋势来看，随着近期的国际与消费国际生产转移至转型期和发展中经济体，转型期和发展中经济体的二氧化碳排放量也呈现不断上升之

（万亿美元）

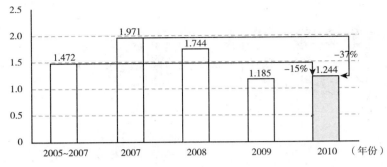

图 2 - 1　全球直接外资流入量

注：2005～2007 年数据取平均值。

资料来源：联合国贸易和发展会议. 世界投资报告（2011）［M］. 北京：中国财政经济出版社，2011.

势（见表 2 - 1）。其中，中国的碳排放量由 2002 年 33.48596 亿吨激增至 2008 年的 65.5049 亿吨。据国际能源署（IEA）公布的统计数据显示，2011 年全球的二氧化碳排放量达到 316 亿吨，比 2010 年增长 3.2%，2013 年则达到创纪录 360 亿吨。

表 2 - 1　　　　世界主要碳排放国家（地区）二氧化碳排放量　　　　单位：亿吨

年份 \ 国别	2002	2003	2004	2005	2006	2007	2008
世界	240.6994	251.105	263.5732	271.2914	280.2396	289.4533	293.8143
OECD 成员国	124.8996	127.2989	128.626	129.0303	128.4132	129.7049	126.2961
非 OECD 成员国	107.5212	115.4337	125.7793	132.8226	141.8978	149.3916	157.1878
美国	56.05177	56.80396	57.58223	57.71662	56.84937	57.62718	55.95925
俄罗斯	14.93981	15.30542	15.13119	15.16175	15.79773	15.78538	15.93831
德国	8.328608	8.42055	8.433841	8.112692	8.234625	8.011015	8.038576
日本	12.05458	12.13322	12.12457	12.20674	12.05041	12.42335	11.51144
加拿大	5.32969	5.562118	5.537115	5.588217	5.43573	5.708023	5.509095
英国	5.218581	5.338935	5.340631	5.323372	5.333046	5.205482	5.106283
意大利	4.349963	4.515875	4.530995	4.569598	4.58434	4.410861	4.301018

续表

年份 国别	2002	2003	2004	2005	2006	2007	2008
法国	3.759161	3.852981	3.853631	3.883317	3.800639	3.734857	3.682289
澳大利亚	3.591917	3.614155	3.71661	3.888078	3.936319	3.871682	3.975444
墨西哥	3.532914	3.609629	3.678248	3.897546	3.968919	4.175833	4.082966
韩国	4.450871	4.478366	4.688208	4.680236	4.765017	4.903476	5.012661
埃及	1.234573	1.305178	1.379514	1.519397	1.601443	1.687005	1.740325
巴西	3.089335	3.017811	3.202023	3.257167	3.307094	3.447477	3.646069
伊朗	3.447107	3.658044	4.019606	4.105463	4.514412	4.827654	5.050112
阿根廷	1.212287	1.310582	1.471731	1.509621	1.605016	1.667718	1.737994
印度	10.20546	10.4618	11.17027	11.59536	12.49918	13.37865	14.27637
中国	33.48596	38.72063	45.88593	51.08316	56.49272	60.75666	65.5049

资料来源：国际能源署（IEA）发布的《全球能源二氧化碳排放报告（2010）》。

从国际投资经验来看，长期以来发达国家通过对外直接投资的形式将高污染、高耗能行业转移到发展中国家，致使发展中东道国环境污染严重。随着《东京议定书》的签订以及各国低碳意识的增强，发达国家同样可能采取对外直接投资的形式转移其碳排放。这主要是因为：一方面，发达国家清除了一批高耗能、高碳排放企业，这些企业就会选择碳约束标准比较低的发展中国家，视发展中国家为"碳污染的天堂"；另一方面，发展中国家也会利用自己宽松的碳约束标准来吸引对外直接投资，这种"推"和"拉"的行为将致使碳污染产业的国际化转移。

2.1.2　投资行业结构变动与碳排放

对外直接投资总体上推动了碳污染产业向发展中国家转移，而对外投资行业的结构变动进一步加速了碳排放的国际化转移。从世界对外直接投资的总体情况来看，制造业是跨国公司涉足的主要领域，尤其是石油开采提炼分销、电器和电子设备及机动车辆领域。在 2006 年联合国贸易和发展组织的非金融跨国公司世界 25 强排名中，制造业和石油公司，如通用电气、英国石油公司、皇家荷兰/壳牌集团、丰田汽车公司和福特汽车公司，仍然位居前列（见表 2-2）。以日本对外直接投资为例，可以看出世界对外直接投资行业结构变动的情况。据日本财务省网站数据，1951～2004年，日本对外直接投资总额9155.72亿美元，其中非制造业投资额为5902.35亿美元，制造业为3127.59亿美元，分别占其总额的64.8%和34.2%；2000～2004年，制造业和非制造业的对外直接投资比例基本上与原来持平，但制造业中的化学工业、电气机器工业和运输机器工业对外直接投资额进一步提高，占制造业投资总额的比重增至71.5%，总额合计505.26亿美元，加上钢铁、有色金属工业及机械工业的对外直接投资，则这些与生产资料生产相关的重化工业投资占制造业投资总额的86.4%，总额为609.80亿美元。2005年，日本制造业对外直接投资额占总额的57.5%，为261.46亿美元，首次超过非制造业对外直接投资的42.5%和193.15亿美元。从日本对外直接投资的发展趋势上来看则更倾向于制造业。

表2-2　2006年按国外资产排名的非金融跨国公司世界20强对外直接投资

单位：百万美元

国外资产排名	跨国性指数（TNI）	公司	母经济体	行业	国外	总计
1	71	通用电器公司	美国	电器和电子设备	442278	697239
2	14	英国石油公司	英国	石油开采/提炼/分销	170326	217601
3	87	丰田汽车公司	日本	机动车辆	164627	273853
4	34	皇家荷兰/壳牌集团	英国	石油开采/提炼/分销	161122	235276
5	40	埃克森美孚公司	美国	石油开采/提炼/分销	154993	219015
6	78	福特汽车公司	美国	机动车辆	131062	278554
7	7	沃达丰集团	英国	电信	126190	144366
8	26	道尔达公司	法国	石油开采/提炼/分销	120645	138579
9	96	法国电力公司	法国	水、电、气供应	111916	235857
10	92	沃尔玛百货有限公司集团	美国	零售	110199	151193
11	37	西班牙电信集团	西班牙	电信	101891	143530
12	77	德国公用事业公司	德国	水、电、气供应	94304	167565
13	86	德意志电信	德国	电信	93488	171421
14	58	大众汽车公司	德国	机动车辆	91823	179906
15	73	法国电信集团	法国	电信	90871	135876
16	90	康菲石油公司	美国	石油开采/提炼/分销	89528	164781

国外资产排名	跨国性指数（TNI）	公司	母经济体	行业	国外	总计
17	56	雪佛莱汽车公司	美国	石油开采/提炼/分销	85735	132628
18	11	本田汽车有限公司	日本	机动车辆	76264	101190
19	36	苏伊士集团	法国	水、电、气供应	75151	96714
20	45	西门子公司	德国	电器和电子设备	74585	119812

注：跨国性指数（TNI），以下列三种比率计算的平均值：国外资产占总资产的比率、国外销售额占总销售额的比率、国外雇员占总雇员的比率。

资料来源：联合国贸易与发展会议.世界投资报告（2008）［M］.北京：中国财政经济出版社，2008。

从各行业的碳排放系数来看，碳排放系数最大的行业为石油加工、金属冶炼及压延加工业、炼焦及核燃料加工业、电力、燃气的生产供应业、化学工业、其他非金属矿物制品业等这些行业主要为重工业行业；电气机械及器材制造业、塑料制品业、橡胶、造纸印刷业等行业的碳排放系数次之；农林牧渔、水利业、服务业、食品生产、饮料和烟酒业、服装、纺织、皮革制造业等碳排放系数最小（李小平，2010），即重工业的碳排放强度最大，轻工业次之，农林牧渔、水利业和服务业的碳排放强度最小。从各国各行业的碳排放额的变化来看（见表2-3），各国的碳排放主要行业为制造与建筑业、交通运输业、电力热力生产及其他能源工业。由于发达国家对外直接投资倾向于制造业，且大部分产业为高碳排放产业，因此发达国家通过对外直接投资形式向东道国进行碳污染产业转移。

表2-3　2008年世界主要碳排放国家（地区）分行业二氧化碳排放量 单位：百万吨

行业\国别	碳排放总量	电热生产	其他能源工业	制造与建筑业	交通运输
世界	29381.43	11987.88	1491.86	5943.63	6604.66
OECD成员国	12629.61	4992.04	672.27	1819.05	3386.47
非OECD成员国	15718.78	6995.84	819.59	4124.57	2185.14
美国	5595.92	2403.39	268.34	633.08	1691.56
俄罗斯	1593.83	873.90	74.06	229.53	243.33
德国	803.86	337.27	26.00	118.14	148.36

续表

行业 国别	碳排放总量	电热生产	其他能源工业	制造与建筑业	交通运输
日本	1151.14	472.15	41.22	247.46	226.23
加拿大	550.91	119.29	65.15	97.87	161.99
英国	510.63	194.87	32.49	58.78	124.80
意大利	430.10	146.89	17.63	67.98	117.01
法国	368.23	50.79	18.86	70.53	124.70
澳大利亚	397.54	227.10	22.76	50.20	79.72
墨西哥	408.30	113.91	50.14	60.77	151.37
韩国	501.27	229.59	32.90	95.94	84.19
埃及	174.03	60.24	14.66	40.76	38.07
巴西	364.61	41.24	27.92	108.32	149.53
伊朗	505.01	124.78	21.82	113.30	110.20
阿根廷	173.80	44.44	16.28	38.67	42.70
印度	1427.64	803.75	50.71	279.82	131.88
中国	6550.49	3136.92	268.57	2174.51	456.95

资料来源：国际能源署发布的《化石燃料消耗的二氧化碳排放（2010）》。

2.2　外商直接投资与中国碳排放

我国作为一个世界工厂，出口大量的高碳和高耗能的加工产品，因此承担了这些产品的生产和加工全部碳排放成本。在跨国公司积极转移高碳产业及国际低碳约束日趋严苛的背景下，对外商直接投资的碳排放进行分析尤为必要。

2.2.1　外商直接投资发展阶段与碳排放概况

改革开放以来中国吸收外商直接投资的规模不断增长，据国家统计局统计，1985年我国外商直接投资的实际使用金额是19.56亿美元，而到2013年，这一数字上升至1175.86亿美元，可见外商直接投资已成为我国经济发展重要组成部分。廉价的劳动力、稳定的经济形势以及庞大的国内市场等使我国成为最理想的对外直接投资东道国。联合国贸易和发展组织的调查显示，中国为 2012～2013 年跨国公司最青睐的投资国。从投资区域分布情况看，"东高西低"的特征明显。截至 2013 年，78.45% 的外商直接投资集中在长三角、珠三角和环渤海等东部沿海省市。近年来，由于中部和西部地区相对成本较低和投资环境得到改善，对外直接投资开始向中部和西部转移。

据商务部数据，2008 年中部和西部吸收的外资分别为 74.40 亿美元和 66.20 亿美元，高出全国平均水平 56.20 个和 12.8 个百分点，同比增长 79.8% 和 36.4%；2013 年中部地区实际使用外资金额 101 亿美元，同比增长 8.79%；西部地区实际使用外资金额 106.10 亿美元，同比增长 6.96%；东部地区实际使用外资金额 968.78 亿美元，同比增长 4.72%。在全国吸收外资总量中，东部、中部、西部地区所占比重分别为 78.45%、14.7% 和 6.85%。中部和西部地区占全国总量比首次超过 20%。虽然外商直接投资到我国中部和西部的趋势日益明显，但东部的区位优势明显，绝大部分跨国直接投资还是分布于东部地区。从投资领域来看，工业领域集中了中国所吸收的主要跨国直接投资。1995 年第三次工业普查资料显示，臭氧层消耗物（ODS）的生产与消费中，绝大多数为外商投资企业。2004 年投资于制造业的外商直接投资占其总投资的 70.3%，2006 年，制造业实际使用外商直接投资 400.77 亿美元，2007 年该值达到了 428.61 亿美元。与此同时，中国已超越美国成为世界上最大的二氧化碳排放国。1978 年，中国二氧化碳排放量 15 亿吨，占世界总排放比重 7.7%，至 2008 年，中国二氧化碳排放量升至 69 亿吨，占世界总排放比重 21.8%，到 2013 年全球二氧化碳排放量达到 360 亿吨，而我国的二氧化碳排放量已超越欧美的总和，占全球的 29%。如图 2-2 所示，1985～2008 年我国二氧化碳排放与外商直接投资之间存在较强的关联。20 世纪 90 年代前期，二氧化碳排放与外商直接投资两者的增长都较为缓慢，增幅较小，都处于平稳上升阶段。90 年代中后期开始，二氧化碳排放与外商直接投资呈现一定波动性的同时有一个较大幅度的提高。金融危机期间，两者达到区间峰值，此后处于平行调整阶段。2000 年以后，两者都呈现快速增长趋势，幅度明显高于前两个时期。可见我国二氧化碳排放与外商直接投资 1985～2008 年都呈现出"平稳上升—平行调整—大幅提高"三个阶段，类似"N"形曲线增长。

2.2.2 中国对外直接投资路径下的碳排放测算

外商直接投资与我国二氧化碳排放都呈现出类似"N"形曲线增长趋势，但由于数据统计关系外商直接投资引致的碳排放难以直接估算，只能根据对外

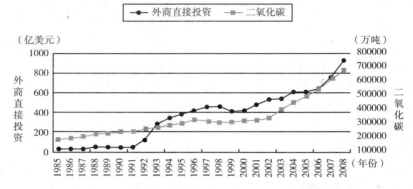

图 2 – 2　1985～2008 年我国外商直接投资和二氧化碳排放变化

资料来源:《全国环境统计公报》和《中国统计年鉴》。

贸易数据间接估算外商直接投资产生的碳排放。开放经济条件下，对外贸易与我国经济发展息息相关，而高能耗、高碳排放加工产品的出口，使我国承担了生产和加工这些产品的全部二氧化碳排放成本，同时相同的产品从发达国家转移至发展中国家生产后，也会因国际间的产业转移释放出"额外"的碳排放量，即净"额外"碳排放。国内外学者从不同角度对我国贸易中隐含的碳排放进行了研究。Wang 和 Watson（2007）的估算发现，中国在 2004 年我国净出口导致了 23% 的碳排放，通过贸易向国外净出口了 1109 百万吨二氧化碳。Jiahua Pan（2008）测算发现中国 2006 年生产了 5500 百万吨碳，净出口中隐含碳 1660 百万吨。You Li 等（2008）分析得出 2004 年英国通过与我国的贸易减少了近 11% 的碳排放，却给世界增加了额外碳排放 117 百万吨。由东英吉利大学（UEA）丁铎尔气候变化研究中心及其全球网络合作成员共同参与的"全球碳计划"的数据显示，全球化石燃料燃烧产生的二氧化碳排放量在 2013 年则达到创纪录的 360 亿吨，美国仍是人均排放量第一。"全球碳计划"包括《全球碳预算》、《碳图集》等分报告。其中《全球碳预算》显示，2012 年化石燃料排放的最大排放源包括中国（27%）、美国（14%）、欧盟（10%）及印度（6%），二氧化碳排放增长率最高的则是中国（5.9%）和印度（7.7%）。2013 年的碳排放量则会继 2012 年的 2.2% 升幅之后，继续上涨 2.1%。同时，2012 年，美国仍以 16 吨的人均排放量占据首位，中国人均排放量与欧盟都是 7 吨，而印度人均碳足迹①仅为 1.8 吨。如表 2 - 4 所示，1997～2007 年这十年中，我国出口碳排放比重从 1997 年的 10.03% 上升至 2007 年的 26.54%，自 2005 年起出口所占的碳排放超过我国总排放量的 20%，出口引致的碳排放比重攀升的同时，产业转移导致的净"额外"碳排放占比也在持续增加。

表 2 - 4　　　　　　　**1997～2007 年中国与全球碳排放比较**　　　　单位：百万吨

年份	中国碳排放	全球碳排放	中国出口碳排放	出口排放比（%）	全球净额外碳排放
1997	3133.13	23246.88	314.23	10.03	164.06
1998	3029.19	23159.76	292.78	9.67	169.90
1999	2992.12	23535.29	297.30	9.94	157.07
2000	2966.52	24010.66	350.69	11.82	172.54
2001	3107.99	24253.49	358.96	11.55	178.14
2002	3440.60	24823.30	458.46	13.33	242.98
2003	4061.64	26063.95	661.46	16.29	383.61
2004	4847.33	27453.30	935.40	19.30	575.96
2005	5429.30	28385.00	1178.55	21.71	738.78
2006	6017.69	29195.42	1483.99	24.66	979.23
2007	6499.11	30100.48	1725.02	26.54	1132.02

资料来源：YanYun Feng，Yang LaiKe. China's foreign trade and climate change：A case study of CO_2 emissions [J]. Energy Policy，2010，38：350 - 356.

　　可见，我国生产出口产品为世界创造价值的同时也直接或间接消耗了大量资源与能源，随着大量"中国制造"走向世界，产品的生产和加工也使中国的二氧化碳排放大幅度增加。而外商直接投资与我国出口紧密相连，由表 2 - 5 所示，从出口企业性质看，外资企业的出口占我国出口的近六成，可见外商直接投资在我国出口贸易中所处地位。总体看来，1/4 的中国碳排放由出口引致，而跨国直接投资又引致近六成的出口量。可见外商直接投资在促进我国经济发展的同时，也产生了占我国较大比重的碳排放量。

―――――――――

　　①　"碳足迹"来源于一个英语单词"Carbon Footprint"，是指一个人的能源意识和行为对自然界产生的影响，简单地讲就是指个人或企业"碳耗用量"。

表 2 – 5   2002 ~ 2009 年我国外资企业出口占我国出口总额比例

年份	外资企业出口（亿美元）	中国出口总额（亿美元）	外资企业出口比重（%）
2002	1699. 4	3256	52. 2
2003	2403. 4	4382	54. 83
2004	3386. 1	5933	57. 07
2005	4442. 1	7619	58. 3
2006	5638. 3	9689	58. 18
2007	6955. 2	12178	57. 1
2008	8643. 2	15189	56. 9
2009	7181. 5	12574	57. 12

资料来源：2002 ~ 2007 年数据出自商务部，2008 ~ 2009 年数据出自中国海关。

2.2.3　开放经济条件下我国技术进步对二氧化碳排放的影响

在开放条件下的技术引进与碳排放关系的研究方面，现有学者已经做了一定的工作，具有一定的借鉴意义。但是现有研究在以下方面也存在一定不足：第一，研究角度方面，现有的研究主要侧重于单方面的外部技术或者内部技术进步的影响，魏巍贤和杨芳等（2010）的研究虽然考虑了技术引进的因素，但是并未全面的考察外部技术进步的影响；第二，数据和研究对象的选择方面，现有研究主要集中于国家层面的时间序列数据、面板数据和地区层面的面板数据，对于分行业的研究还存在一定欠缺；第三，内部技术进步指标的选取方面，现有研究主要集中于选取研发投入、知识存量、技术差距等替代性的指标，并不能全面衡量各国或各地区的技术水平。

基于此，现以 2001 ~ 2012 年中国 35 个工业行业作为研究对象，通过测算相应行业的全要素生产率并构建不同的衡量行业技术水平和研发投入的综合指标，并且在模型中引入贸易渠道、外商直接投资渠道等外部技术溢出渠道的影响，试图弥补现有研究在以上方面的缺漏。

2.2.3.1　理论模型

（1）开放条件下的技术进步。为研究开放条件下技术进步的发生机制，根据内生增长理论，可假设经济产出符合规模报酬不变的 C – D 生产函数：

$$Y_t = A_t f(K_t, L_t) \tag{2.1}$$

其中，A_t 代表 t 期的技术水平，Y_t 代表 t 年的产出，K_t 为资本投入量，L_t 劳动投入量。

经典的内生增长研究（Romer，1990；Grossman & Helpman，1991）均强调国内研发对技术进步的重要作用，则全要素生产率增长率（g_A）由研发存量的增速决定：

$$g_A = \frac{\dot{A}}{A} = \rho \frac{\dot{SD}}{SD} \tag{2.2}$$

其中，SD 为研发存量。根据 Aghion 和 Howilt（1998）的研究，产品种类增加将稀释研发投入，降低研发强度，且考虑研发的折旧，可得下式：

$$\dot{A} = vA\left(\frac{R\&D}{Q}\right) \tag{2.3}$$

其中，R&D 代表研发投入，Q 代表产品种类。

开放条件下，一国的技术的进步不仅依靠本国研发投入，也受到外部因素的影响。Grossman 和 Helpman（1991）的研究表明，贸易开放度与技术进步密切相关，故把"贸易开放度"（OP）纳入外部影响因素当中。另外，国际技术溢出也是重要的影响因素，技术溢出的通常可以对外直接投资与贸易两个渠道发生，考虑到已经包括贸易开放度因素，本节仅选择外商直接投资为国际技术溢出（SF）来源。Griffith（2003）的研究表明，研发活动具有双重角色，既能提高本国研发存量以促进技术的升级，也能增强企业的吸收能力，促进外部技术溢出的发生，因此在模型中引入了 SF 和（R&D/Q）的交互项，以测量消化吸收能力。

综上所述，得到开放条件下技术进步的拓展方程为：

$$g_A = \frac{\dot{A}}{A} = f[\,SF,(R\&D/Q),(R\&D/Q) \times SF,OP\,] \tag{2.4}$$

（2）技术进步与碳排放。借鉴 Grossman 和 Krueger（1991）的分析框架，可以将本节工业行业对碳排放的影响分解为产出规模、行业结构和技术进步的影响。则本节的工业行业的碳排放方程如下：

$$E = f\,[\,Y,\ S,\ f\,(g_A)\,] \tag{2.5}$$

其中，E 为行业碳排放量，Y 为行业产出，S 表示行业结构，$f(g_A)$ 为行业技术进步。

结合开放经济条件的技术进步的拓展方程（2.4），得到行业碳排放的基本理论方程如下：

$$E = f[Y, S, SF, (R\&D/Q), (R\&D/Q) \times SF, OP] \tag{2.6}$$

2.2.3.2　计量处理

根据以上技术进步和碳排放的理论分析，由方程（2.6）可得到本节的初步回归方程如下：

$$
\begin{aligned}
lnE_{it} = & \alpha + \beta_1 lnY_{it} + \beta_2 lnS_{it} + \beta_3 lnOP_{it} + \beta_4 ln(R\&D/Q)_{it} \\
& + \beta_5 lnSF_{it} + \beta_6 [ln(R\&D/Q) \times lnSF]_{it} + \varepsilon_{it}
\end{aligned} \tag{2.7}
$$

其中，α 为不变截距，i 表示行业，t 表示年度；E 为行业的二氧化碳排放量，S 为行业的结构状况，OP 为行业贸易开放度，SF 为外商直接投资技术溢出，$(R\&D/Q)$ 为行业的综合研发投入，ε 为误差项。

面板数据采用随机效应进行估计时，要求缺省变量和解释变量之间不相关，本节中模型很难满足，故用固定效应进行估计。本节研究对象为工业行业，行业自身特点因素必然对行业碳排放产生影响，诸如能源价格、环境管制等随时间变化的因素也会对行业碳排放产生影响，所以在方程（2.7）中将加入行业、时间特定效应的影响。

$$
\begin{aligned}
lnE_{it} = & \alpha + \lambda_i + \theta_t + \beta_1 lnY_{it} + \beta_2 lnS_{it} + \beta_3 lnOP_{it} + \beta_4 ln(R\&D/Q)_{it} + \beta_5 lnSF_{it} \\
& + \beta_6 [ln(R\&D/Q) \times lnSF]_{it} + \varepsilon_{it}
\end{aligned} \tag{2.8}
$$

其中，λ_i 为行业恒量，θ_t 为时间恒量。

Zahra 和 George（2002）的研究表明，受企业吸收能力的限制，对外直接投资的技术溢出的发生存在一定滞后性，故考虑其影响的滞后性；Hubler 和 Keller（2009）的研究表明，解释变量 SF 也可能存在一定的内生性。为消除内生影响和更好地考察对外直接投资技术溢出的影响，本节用滞后一期的 SF 变量来替代原方程。

$$
\begin{aligned}
lnE_{i,t} = & \alpha + \lambda_i + \theta_t + \beta_1 lnY_{i,t} + \beta_2 lnS_{i,t} + \beta_3 lnOP_{i,t} + \beta_4 ln(R\&D/Q)_{i,t} \\
& + \beta_5 lnSF_{i,t-1} + \beta_6 [ln(R\&D/Q)_{i,t} \times lnSF_{i,t-1}] + \varepsilon_{it}
\end{aligned} \tag{2.9}
$$

为了剔除异方差问题对估计结果的有偏或不一致影响，本节采用面板修正标准误得到 t 检验值作为判断变量显著与否的标志。

2.2.3.3　数据来源

本节行业数据以规模上工业企业为统计口径，对外直接投资数据则以"三资"企业为口径。数据主要来自 2000～2012 年的《中国统计年鉴》、《能源统计年鉴》、《中国科技统计年鉴》和联合国统计处的 COMTRADE 数据库，部分数据来自《中国工业经济统计年鉴》、《经济普查年鉴》。本节中所有涉及价值形态的数据，均采用 2000 年为基期的工业产品出厂价格指数或固定资产价格指数调整。

考虑到数据的一致性和可得性，本节不包括"石油和天然气开采业""其他采矿业"、"木材和竹材采运业"、"废弃资源和废旧材料回收加工业"和"工艺品及其他制造业"的行业数据，最终采用中国 2001～2012 年 35 个工业行业的 350 个样本数据进行分析。35 个工业行业占到全国工业总产值的 98%，碳排放量占到全部工业总排放量的 96%，本节认为它们能较好地反映技术进步对工业行业碳排放的影响。

2.2.3.4　变量选取

目前行业二氧化碳排放量主要采用能源消耗量的估算值。借鉴陈诗一（2009）、张友国（2010）的做法，根据 IPCC（2006）提供的各种燃料的碳排放系数和净发热值，得到各种燃料的二氧化碳排放系数；用各行业燃料消耗的实物量乘以相应的二氧化碳排放系数，加总得到各行业的二氧化碳排放量（E）。二氧化碳排放强度（EI）则为二氧化碳排放量除以相应的行业总产出。

行业产出方面，当前研究行业二氧化碳排放的文献均选取行业工业总产值代表行业总产出（陈诗一，2009；李小平和卢现祥，2010），本节也用各行业工业总产值表示行业总产出（Y）。

目前测度行业结构的指标，Cole（2008）、李小平和卢现祥（2010）等采用资本密集度。考虑到理论模型的相似性，本节也采用行业的资本密集度来代表行业结构（S）的变化。各行业资本密集度为该行业企业的年末固定资产净值除以当年行业企业从业人数。

衡量行业研发强度方面，本节借鉴 Ha 和 Howitt（2007）的做法，以实际研发投入量与产品多样化程度的比值衡量有效的技术产出，即研发强度（R&D/Q）。为更为全面的考察综合研发强度的影响，选取的产品多样化（Q）

程度的指标有两个：Y、AL。Y 为实际产出，A 为全要素生产率，L 代表劳动人数。本节用研发投入用大中型企业的单位科技活动人员的科技活动内部支出来替代行业的研发投入强度（R&D）。全要素生产率的测算本书则借鉴李丹和胡小娟（2006）对工业行业全要素生产率的做法，测得本节 35 个工业行业的 2001～2012 年的全要素生产率水平。

现有文献通常使用外资的份额指标来衡量外商直接投资的技术溢出（SF），主要有：外资企业职工占行业职工的比重、外资企业的产出占行业产出的比重、外资企业的销售额占行业销售额的比重等。为深入考察外商直接投资不同溢出渠道对行业二氧化碳排放的影响，本节借鉴亓朋等（2008）的做法，选用两种指标衡量外商直接投资的技术溢出对行业二氧化碳排放技术的影响：行业内"三资"企业年平均人数占行业年平均职工的总人数的比重（SFp）和行业内"三资"企业年销售总额占行业年销售费总额的比重（SFs）。

关于贸易开发度的指标，存在很多争议。使用较多的度量指标有贸易依存度、黑市交易费用、平均关税率、非关税壁垒、贸易数量限制等。由于贸易依存度能较好地反映经济增长的变化。本节沿用贸易依存度，即进出口贸易总额与 GDP 之比作为贸易开发度的替代指标。而当前国内并无行业进出口的统计数据，本节借鉴徐园（2010）的做法，根据联合国统计处的 COMTRADE 数据库，并参考其提供的《国际标准产业分类》（ISIC）与《国际贸易标准分类》（SITC）之间的转换表，计算得到我国工业分类的进出口贸易数据。各行业进出口总额比该行业总产出为该行业的贸易开放度（OP）。

2.2.3.5　实证结果与分析

本节所建立的方程（2.9）的计量估计结果如表 2-6 所示。

表 2-6　　　　　　　　　　　　　　计量估计结果

解释变量	模型 1	模型 2	模型 3	模型 4	模型 5	模型 6
lnY				0.98 ** (2.24)	1.69 *** (6.85)	1.72 *** (9.28)
lnS	1.83 ** (2.26)	0.82 *** (7.15)	1.25 *** (11.29)	0.99 *** (12.67)	0.97 *** (11.43)	0.82 *** (7.05)
lnOP	0.07 ** (2.26)	0.09 *** (5.73)	0.09 *** (14.57)	0.06 ** (2.38)	0.08 *** (11.27)	0.07 ** (2.36)

续表

	模型 1	模型 2	模型 3	模型 4	模型 5	模型 6
ln（R&D/Q）	-0.44 ***	-0.65 ***	-0.55 ***	-0.72 ***	-0.57 ***	-0.63 ***
	（-5.07）	（-9.27）	（-6.30）	（-9.48）	（-7.54）	（9.48）
lnSF	-0.04 **	-0.02 **	-0.14 ***	-0.07 **	-0.08 **	-0.01 ***
	（-2.33）	（-2.14）	（-7.18）	（-2.59）	（-2.24）	（-8.19）
ln（R&D/Q）×lnSF	-0.02	-0.01	-0.01 *	-0.01 *	-0.03 **	-0.02 **
	（-0.35）	（-0.21）	（-0.66）	（-1.88）	（-2.27）	（2.41）
Adj_R^2	0.64	0.47	0.57	0.56	0.61	0.49
样本量	350	315	280	350	315	280
估计方法	FE	FE	FE	FE	FE	FE
	LAG	MA	LAG MA	LAG	MA	LAG MA

注：括号内为系数的 t 值；***、**、* 表示 10%、5% 和 1% 水平显著；FE 表示采用行业和时间固定效应；LAG 表示采用滞后一期的外商直接投资和 lnY 作为工具变量（IV）；MA 表示用外商直接投资当期和前两年的移动平均值作 IV。

表 2 - 6 中计量方程的估计结果显示，方程拟合程度较高，大部分参数的估计符合理论预期。其中，模型 1、模型 2 与模型 3 是开放条件下技术进步的拓展方程（2.4）的计量估计结果，而模型 4、模型 5 与模型 6 是考虑了 Grossman 和 Krueger（1991）的分析框架的计量估计结果。在估计方法的选择上均采用固定效应模型进行估计。为避免模型内生性问题引起的估计值偏倚，以工具变量的形式置换可能引起内生性的自变量，工具变量包括滞后一期的外商直接投资和 lnY 以及外商直接投资当期和前两年的移动平均值。模型 4 至模型 6 的结果显示，行业规模的扩张对二氧化碳的排放起着显著的促进作用，与此同时，行业规模每增长 1 个百分点，二氧化碳的排放量将增加约 0.98 ~ 1.72 个百分点。这意味着规模扩张对行业碳排放有显著的正向影响，环境效应是负面的。该结果与 Grossma 和 Krueger（1995）的理论分析结论基本一致，行业产出规模对污染物的排放有正向影响。关于行业的结构效应，本节的结果显示，该效应仍然促进了二氧化碳的排放。这是因为我国行业集中于第二产业中的制造业，而制造业中劳动密集型投资所占比例多于资本密集型投资（韩燕和钱春海，2008）。而贸易开发度指标的估计结果表明，以贸易为渠道的碳污染产业转移效应是客观存在的。贸易开放度每增加一个百分比，二氧化碳的排放将增加 0.06 ~ 0.09 个百分点。

本节主要关注开放经济条件下技术进步对二氧化碳排放的影响。与理论预期一致，直接渠道与间接渠道的技术进步都能降低二氧化碳排放强度。从各个方程的估计结果可以看出，样本区间内国际技术溢出降低了我国各个工业行业的碳排放水平，技术溢出增长 1 个百分点，二氧化碳的排放出将降低 0.01 ~ 0.14 个百分点，这与已有的经验较为一致。可见，对国际先进技术的吸收利用给中国这样的后发优势国家提供了机遇，国际间的技术溢出大提升国内技术水平，降低了二氧化碳的排放，中国的生态环境受益于国际间的技术溢出。进一步分析表明，在其他条件不变的情况下，内部技术溢出显著地降低了行业碳排放。从模型估计结果来看，国内研发强度增加 1 个百分点，二氧化碳的排放量将降低 0.44 ~ 0.72 个百分点。可见，我国通过研发投入产生的内部技术效应这一途径显著减少行业碳排放。研发投入与国际技术溢出的交叉项的估计结果表明，我国通过技术消化与吸收也在一定程度上起到了积极降低碳排放强度的作用。通常认为，国际技术外溢效应，即外资企业进入的竞争压力和示范效应，内外资企业间的联系与人员流动的加强，将推动东道国生产技术水平的提升。绝大多数研究也肯定了国际投资、国际贸易等对中国企业的技术溢出：王志鹏和李子奈（2003）运用中国省级面板数据证明了外商直接投资技术外溢效应的存在；王玲和涂勤（2007）利用中国四位码的行业数据考察并验证了外商直接投资行业内溢出和行业间溢出效应的发生。另外，国外学者（Fisher-Vanden，2006；Cole，2008）的研究表明，技术进步显著提高了东道国的能源和资源利用率，继而减少能源消耗和单位产出碳排放。

2.2.3.6 结论与政策建议

本节以 2001 ~ 2012 年中国 35 个工业行业作为研究对象，通过测算相应行业的全要素生产率并构建不同的衡量行业技术水平和研发投入的综合指标，并且在模型中引入贸易渠道、对外直接投资渠道等外部技术溢出渠道的影响，重点探讨了开放经济条件下技术溢出在减少污染中的作用。基于模型估计结果得出如下结论：首先，内部技术溢出与外部技术溢出均能降低二氧化碳排放，但内部技术溢出的渠道对污染降低的程度更加明显。其次，我国对技术溢出的吸收能力也降低了二氧化碳排放，但效果比较微弱。由于本节的计量分析结果是基于面板数据检验中国工业行业的碳排放效应，在一定程度上揭示了开放经济条件下技术进步对碳排放的影响与作用机制。我们认为，研发投入、国内与国际技术创新机制的建立不仅有利于提高生产率以减少污染排放，也有利于中国充分吸收别国先进技术以赶超科技领先国。政府应大力鼓励与促进科技研究与创新活动的发展。因此，技术创新、研发投入对控制污染具有双重功效。考虑到中国近期并不会成为世界科技领先国，这种双重功效仍会发挥显著作用。

2.2.4 我国金融深化对二氧化碳排放影响

金融行业的发展确实会影响环境质量。但是大部分研究集中于定性分析，仅有少量的学者定量研究了金融深化和环境质量的关系。基于此，本节利用中国 1960～2010 年的时序数据，通过构建考察影响二氧化碳排放的因素方程，在充分的时期内以自回归分布滞后方法（ARDL）分析金融深化对中国碳排放的长期均衡与短期波动，从实证角度验证金融行业的发展与环境质量之间的关系。

借鉴 Tamazian（2009）、Talukdar 和 Meisner（2001）的研究，本节构建了一个包含控制变量：经济增长、能源消费，以及重点考察因素：金融深化的环境质量模型。由于我国为贸易大国，本节还将贸易开放度这一因素纳入模型之中，以此避免计量估计中的遗漏变量误差，同时本节的模型也从封闭经济体模型转化为开放经济体模型。本节构建了如下多元一次线性模型：

$$C_t = \beta_0 + \beta_1 e_t + \beta_2 y_t + \beta_3 fd_t + \beta_4 O_t + \varepsilon_t \qquad (2.10)$$

其中，C_t 代表人均二氧化碳排放量，e_t 代表人均能源消耗，y_t 代表人均实际收入，fd_t 为金融深化的测量指标，O_t 为贸易开放度（测量对外贸易程度），ε_t 为随机误差项。方程（2.10）的变量均为对数形式，所以字母均为小写。

为了验证当模型包含了"金融深化"这一因素时库兹涅茨曲线是否存在，构建模型（2.11）：

$$C_t = \beta_0 + \beta_1 e_t + \beta_2 y_t + \beta_3 y_t^2 + \beta_4 fd_t + \beta_5 Q_t + \varepsilon_t \qquad (2.11)$$

Tamazian（2009）提出若回归模型中包括了控制变量（如能源消费 e_t），那么控制变量将会解释大部分的二氧化碳排放量。为了解决此问题，本节构建了未包含能源消费这一因素的模型（2.12）：

$$C_t = \beta_0 + \beta_1 y_t + \beta_2 fd_t + \beta_3 Q_t + \varepsilon_t \qquad (2.12)$$

同样，构建库兹涅茨曲线模型如下：

$$C_t = \beta_0 + \beta_1 y_t + \beta_2 y_t^2 + \beta_3 fd_t + \beta_4 Q_t + \varepsilon_t \qquad (2.13)$$

2.2.4.1 数据来源

本节使用的变量有：人均二氧化碳排放量、能源消耗、人均 GDP、流动负债率和外贸依存度。二氧化碳信息分析中心提供了我国人均二氧化碳排放量的数据，其他数据均来自《中国统计年鉴》。

金融深化指标方面，学者通常以资本市场指数作为金融部门的指标，但是本节未遵循前人的思路，未以资本市场作为研究对象。这主要是出于以下考虑：第一，在发展中国家，以股票交易形式的资金流动相当少（Rojas – Suarez & Weisbrod，1996），因此资本市场的功能非常有限；第二，中国的资本市场并非完全开放，不能反映中国金融行业的整体实力；第三，无法得到 1995 年之前中国资本市场的数据。因此，本节将借鉴 Stiglitz（2000）的研究，将金融行业中的银行业作为重点考察对象。学者采用了不同的指标测量金融深化的程度。King 和 Levine（1993）使用广义货币（M2）[①] 和名义 GDP 衡量金融深化。但是在发展中国家，广义货币包括了大量的现金，广义货币的提高意味着货币化而非金融深化。相比之下，存款负债与名义 GDP 的比率（dy）是更相关的指标。它包括了中央银行，商业银行和其他金融机构，测量了整个金融中介机构的容量。

人均 GDP 方面，参考学界的惯常做法，本节采用了人均 GDP 的对数形式 y 测量经济增长。实际人均 GDP 等于实际 GDP 与人口总数之比，其中实际 GDP 以 1960 年的可比价格计算。

二氧化碳排放的量化方面，本节按照前期大多数学者的研究，也采用人均二氧化碳排放量作为衡量温室效应的指标。所有数据来自二氧化碳分析中心，包含石油燃烧、水泥生产、天然气燃烧等所产生的二氧化碳排放总量。

能源消耗和贸易开放度方面，能源消耗以人均能源消耗（e）测量，为实际能源消费量除以当年全国人口数；贸易开放度（o）等于进出口额与名义 GDP 的比值。本节预期贸易开放度和能源消耗均与二氧化碳排放量正相关。

2.2.4.2 计量处理

本节计量方法采用自回归分布滞后方法（ARDL）。该方法由 Charemza 和

[①] 广义货币是一个经济学概念，和狭义货币相对应，货币供给的一种形式或口径，以 M2 来表示，其计算方法是交易货币（M1，即社会流通货币总量加上活期存款）以及定期存款与储蓄存款。

Deadman 最早提出，后经 Pesaran 和 Shin 等人逐步完善。对比传统的 EG 两步法和 Johansen 协整检验法，ARDL 方法的主要优点是放松了其他协整方法要求序列是同阶单整的条件，且更具稳健性，更适合小样本的估计，只要变量的单整阶数不超过 1，都可以使用该方法。

构造如（2.14）的估计方程：

$$\Delta C_t = \beta_0 + \lambda_1 c_{t-1} + \lambda_2 e_{t-1} + \lambda_3 y_{t-1} + \lambda_4 fd_{t-1} + \lambda_5 o_{t-1}$$

$$+ \sum_{i=1}^{p} \delta_i \Delta c_{t-i} + \sum_{i=1}^{p} \phi_i \Delta e_{t-i} + \sum_{i=1}^{p} \varpi_i \Delta y_{t-i} \sum_{i=1}^{p} \gamma_i \Delta fd_{t-i} + \sum_{i=1}^{p} \theta_i \Delta o_{t-i} + u_t$$

$$(2.14)$$

其中，β_0 为常数项，u_t 为白噪声序列。$\lambda_i (i = 0,1,2,\cdots,5)$ 代表了的长期相关系数，加和项如 $\sum_{i=1}^{p} \delta_i \Delta c_{t-i}$ 代表了误差修正项。

2.2.4.3　实证检验与回归分析

（1）ADF 检验。如上文所述，不论变量是同阶单整还是一阶单整，ADRL 模型均可使用。然而，根据 Ouattara（2004）的研究，当变量为二阶单整时，F 检验将会失效，这要求变量的单整阶数不能超过 1。本节首先对各个变量进行 ADF 检验，如表 2 – 7 显示，c，e，y，y2，dy 和 o 为水平和趋势非平稳时间序列，但所有变量都是一阶单整 I（1）。

表 2 – 7　　　　　　　　　　　　ADF 检验结果

变量	ADF	K	变量	ADF	K
c	– 1.28	0	Δc	– 4.37	0
e	0.91	1	Δe	– 3.09	0
y	0.93	1	Δy	– 3.29	1
y2	1.34	1	$\Delta y2$	– 4.02	1
dy	1.59	1	Δdy	– 4.09	1
o	– 1.59	0	Δo	– 4.68	0

（2）格兰杰因果检验。金融深化和环境质量可能互为因果，因此，在模型估计之前，需使用格兰杰因果检验验证二氧化碳排放量和经济增长两者关系

的方向性。检验结果如表 2-8 和表 2-9 所示：两变量之间有明显的因果关系，且经济增长是二氧化碳排放的原因，反之则不成立。

表 2-8 　　　　　　　　　　格兰杰因果检验结果

原假设	F 统计量	P 值
c does not Granger cause y	0.4220	0.6320
y does not Granger cause c	3.1610	0.0286

表 2-9 　　　　　　　　　　　ADRL 估计结果

变　　量		模型 1	模型 2	模型 3	模型 4
协整检验	F-statistics	6.745	5.811	7.947	6.813
ARDL 估计	Intercept	-7.610 *** (-2.647)	-6.210 * (-1.880)	-4.231 *** (-11.642)	-5.912 *** (-2.381)
	e	0.313 *** (0.21)	0.689 *** (3.467)	NA NA	NA NA
	y	3.210 * (1.732)	3.534 *** (2.478)	3.152 ** (1.899)	2.865 *** (2.341)
	y2	NA NA	-0.534 *** (-2.423)	NA NA	-0.456 ** (-2.143)
	dy	-0.356 *** (-2.897)	-0.275 ** (-2.182)	-0.679 *** (-2.387)	-0.176 *** (-1.989)
	tr	0.567 ** (2.001)	0.231 *** (2.987)	0.198 * (1.678)	0.892 *** (4.723)

注：*** 表示在 1% 水平上显著，** 表示在 5% 水平上显著，* 表示在 10% 水平上显著。

从计量结果看出，金融深化与中国二氧化碳的排放成负相关，具体来看，估计系数为 -0.356 意味着金融深化增长 1% 将会降低 0.356% 二氧化碳的排放量。这与 Tamazian（2009）的检验结果一致。能源的消耗与二氧化碳的排放量之间存在显著的正相关关系，回归系数符号符合理论预期，系数为 0.313，这说明人均能源消费每增长 1% 长期来看将使二氧化碳的排放量增加 0.313%。人均 GDP 在 5% 的显著性水平下系数为 3.210，这说明人均收入每增长 1% 将会导致二氧化碳排放量增加 3.210%。

ADRL 估计结果模型 2 中采用了变量 y2 以检验碳库兹涅茨曲线。y2 的系数在 1% 的水平在显著，且对二氧化碳的排放具有负向抑制作用。此结果支持了碳库兹涅茨曲线假说，说明发展中国家较少考虑关注环境问题。Tamazian（2009）

曾提出了回归方程中的变量"能源消耗"（e）可以解释大部分的二氧化碳排放。

但是在 ADRL 估计结果模型 3 和模型 4 中显示，即使在回归方程中将变量 e 去除，也不会影响回归结果。四个模型均显示，在长期中，变量"能源消耗"e 显著，此结果与 Liu（2005）和 Ang（2007）的研究结果相符。此外，与已有研究相吻合，实证结果说明二氧化碳的排放量主要是由经济增长和能源消耗所决定的。贸易开放度在模型 1、模型 2、模型 3、模型 4 中均显著，且对二氧化碳排放有正向促进作用。实证结果显示，贸易开放度对二氧化碳的排放有正向的促进作用，表明贸易开放度的负面环境效应大于正面效应。根据上述的理论，贸易开放对温室效应有双向作用。一方面，贸易扩大了生产规模，加速能源消耗，增加了温室效应；另一方面，贸易带来的物化技术溢出效应可以提高生产要素的使用效率，提升能源利用率，降低温室效应。贸易开发度对温室效应的最终影响取决于双向作用的综合效应。中国现阶段处于高速发展时期，一直以来对环境问题的不重视导致发达国家转移污染产业，使中国成为"污染天堂"，这种负面已经显现出来。这证实了 Grossmen 和 Krueger（1995）的研究结果：通常情况下，发展中国家有大量污染排放的污染行业。

2.2.4.4 结论与政策建议

本节通过实证分析，检验了金融深化、经济增长和能源消耗对中国二氧化碳排放量的影响。实证结果显示金融深化与二氧化碳排放量成负相关，说明中国金融深化并没有以牺牲环境为代价，金融深化反而降低了我国的二氧化碳排放量。长期以来，我国的碳排放主要由收入、能源消耗和贸易开放度决定。本节结果验证了中国库兹涅茨曲线的存在。

根据本节的实证结果，可以提出如下政策建议：由于金融深化的系数为负，金融深化可能有利于环保设施的资本投资，例如，污水处理设施。因此，我国政府应该大力推进金融深化。但是金融市场仍然面临诸多障碍，如中央银行的大量不良贷款。据统计，中国国有企业的预算软约束和地方国有商业银行的分权化导致了高达 2 亿元人民币的不良贷款。降低不良贷款是促进我国金融深化的当务之急。此外，我国应该深化银行和金融行业的改革，提高国有企业和银行的市场化程度。

由于我国面临着能源消耗过快和空气污染严重等诸多问题，我国应推进环境立法和执法。从 1989 年《中国环境保护法》正式生效后的二十多年里，污染监控系统，环境规划，先进的技术系统管理和研发活动在环境保护领域得到广泛运用。但是迄今为止，以上措施的实施并非完全有效。因此，我国应颁布相关政策以保障有效的监督和完善配套措施，增强企业的环保意识。

从本节的分析发现：长期来看，二氧化碳的排放主要由收入、能源消耗和贸易开放度决定。其中，能源消耗与二氧化碳排放量正向相关。Andrews – Speed（2006）发现，近年来中国的原油需求在不断增加，体现出中国经济对原油的依赖性。此外，我国能源消费结构以高碳能源为主，意味着改善能源结构，降低能源强度可有效实现节能减排的目标。

中国成功地从计划经济向市场经济转型，在此过程中，经济和国际贸易快速增长。本节发现对外贸易显著地正向影响了二氧化碳排放量，这说明了加入世界贸易组织（WTO）以后，贸易自由化水平的提高并未改善我国环境。但是，根据前人的研究，国际贸易可以成为技术外溢的渠道，有利于一国吸收先进的环保技术。本节的实证结果说明中国至今没有从国际贸易的技术外溢中收益。我国应该重视国际贸易带来的环境污染问题，修订长期和短期的对外贸易政策，避免成为发达国家转移高污染产业的"污染天堂"。

2.3 低碳经济背景下的对外直接投资转型

2.3.1 新兴低碳行业的对外直接投资

通过上文的分析可见，跨国公司通过对外直接投资向东道国进行了碳污染产业转移，但由于目前低碳经济是全球发展的趋势，跨国公司在发展低碳经济中扮演着双重的角色——碳排放的主要来源以及低碳技术和低碳投资的供应方。对外直接投资既是导致气候变化问题的原因之一，也是这个问题的解决之道。《京都议定书》签订后，减少碳排放成为各国政府和企业必须面对的外部约束要素。在全球低碳经济的约束下，对外直接投资相应发生了转变，跨国低碳投资已经成为跨国投资的一种新趋势并具相当规模，伴随着世界经济向低碳经济的转变，其将有巨大潜力。

低碳跨国投资即更加低碳的生产过程、技术、产品和服务向东道国的转移，通过更新现有设备或引进低碳生产过程两条途径降低碳排放量。据联合国贸易和发展组织测算，2009 年对循环再利用领域、可再生能源及与环保技术相关的产品制造领域等主要低碳行业的低碳跨国直接投资达到了 900 亿美元，如果加入建筑、交通运输等其他领域的低碳投资额，数值将更大。显然跨国公司已经开始在世界积极进行低碳投资，低碳跨国投资已经占到全球对外直接投资总量约 10%，其中至少 40% 投向了发展中国家。可见，跨国公司已经找到了在发展中国家进行低碳投资的机会，跨国公司作为全球公认的最主要碳排放来源，如今也正在成为发展中国家低碳技术与投资的来源。同时该组织发布的《2010 年世界投资报告：投资低碳经济》指出，通过供应和销售更清洁的商品和货物，改进价值链各个环节的生产程序，跨国公司可为减少碳排放做出贡献。跨国低碳投资可以对能源和工业部门产生重大和直接影响，同时也可以以间接的方式使运输、垃圾管理、建筑、林业和农业等部门通过跨国公司的参与受益。如跨国公司对农产品供应商施加影响，使其采用减少碳排放的做法，也可提供电动汽车，减少运输部门的碳排放。跨国公司还可为减缓全球气候变暖提供急需的资本和先进的技术。美国、英国等 10 个国家集中了超过 80% 的全球研发机构，且跨国公司主导主要的矿发活动。英国历来是可再生能源的主要市场，也是低碳技术和投资的领跑者。英国政府已批准继续推行 7240 万英镑（约合 1106 亿美元）扶持风力项目的计划。英国《金融时报》则表示，亚洲对替代能源的需求不断增加，Impax 上市股票部董事总经理詹金·琼斯表示，他目前在亚洲地区的可再生能源行业的投资配置比例约为 20%，今后还会增加。跨国公司对可再生能源领域的绿地投资主要集中在发达国家，其中超过 25% 的跨国公司在发展中国家进行投资；对循环领域的绿地投资项目主要集中在制造业，目前已有部分跨国公司开始对东道国的本土企业提供低碳服务；跨国公司对太阳能吸热板等环保产品制造业的投资主要集中在发展中国家。

2.3.2　清洁发展机制下的对外直接投资

作为跨国低碳投资重要组成部分，清洁发展机制下的对外直接投资也发展迅速。为了促进全球温室气体排减，《京都议定书》引入了三种减排机制：清洁发展机制（CDMD）、联合履约（JI）、排放交易（ET）。三种减排机制中，清洁发展机制是发达国家与发展中国家之间进行二氧化碳减排合作的唯一市场机制，其核心是允许发达国家向发展中国家转让项目级的减排量抵销额。自 2004 年 11 月 18 日，联合国清洁发展机制执行理事会（EB）批准注册首个清洁发展机制项目，2005 年 10 月 20 日理事会签发第一批核证减排量以来，全球清洁发展机制项目快速发展。如图 2 - 3 所示，历时 785 天，2007 年 12 月 14 日减排量突破 1 亿吨，接下来的 4 亿吨关口平均用时 280 天，核证减排量的签发速度相对平稳。2011 年 1 月 10 日，随着联合国清洁发展机制执行理事会新签发 5 个项目的核证减排量 186.6242 万吨二氧化碳当量，全球核证减排量签发总量已达 5.02 亿吨二氧化碳当量，突破 5 亿吨大关，是清洁发展机制历史中的又一里程碑。综合清洁发展机制执行理事会网站统计，截至 2012 年 11 月 30 日，我国共有 2707 个清洁发展项目成功注册，占东道国注册项目总数的 52.1%，而截至 2014 年 6 月 16 日，我国清洁发展注册项目已达到 3802 项，交易范围或行业涵盖了化工、发电、生物质能、回收利用、工艺改进、造林与再造林、能效提高和燃料替代等项目。目前，我国已经成为全球碳交易初级产品最大的供应国。

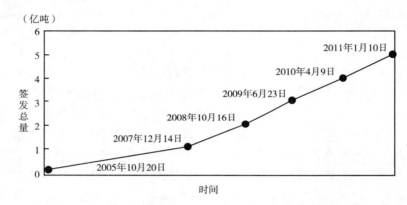

图 2-3　2005 年 10 月至 2011 年 1 月全球清洁发展机制项目签发总量

资料来源：联合国清洁发展机制执行理事会网站统计。

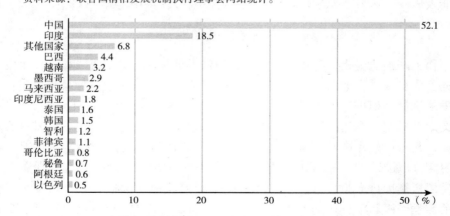

图 2-4　全球各国成功注册项目占东道国注册项目总数的百分比

注：截至 2012 年 11 月 30 日全球注册项目总数为 5195 项。

资料来源：联合国清洁发展机制执行理事会网站统计。

可见，全球清洁发展机制项目快速发展，发达国家通过资金和清洁技术，与发展中国家开展合作。清洁发展机制对发达国家和发展中国家共同应对气候变化发挥了重要作用，实现了发展中国家和发达国家的双赢。从深层次的原因上来看，在低碳领域对外直接投资的快速增长是与目前世界经济向"低碳化"转型的趋势是密不可分的。在经历了大约两百多年前开始的工业化以及二十多年前开始的信息化之后，世界经济目前的趋势是走向"低碳化"。以信息化和信息产业为核心的经济增长周期已渐消退。在发生国际金融危机后，为了带动经济快速复苏，低碳经济普遍成为新的经济增长点和发动机。对外低碳投资既符合发达国家的战略需要，又有利于发展中国家获取本国稀缺资金与技术。第一，有助于发达国家通过低成本实现其减排目标。根据麦肯锡的有关分析，发达国家在发展中国家实施清洁发展机制项目只要 8 ~ 15 美元即可，而在本国则需要 100 ~ 500 美元。据此，清洁发展机制项目已经为发达国家节省 420 亿 ~ 2440 亿美元。第二，对外低碳投资也为发展中国家的低碳发展提供了一定的资金支持。预算表明，清洁发展机制项目实施以来为发展中国家带来的直接收入高达 50 亿美元。同时，通过间接撬动的融资资金高达数百亿美元，这大大促进了发展中国家的低碳发展。第三，对外低碳投资为发展中国家的可持续发展带来了新理念与技术支持。发展中国家引进低碳领域的外资，能够帮助其引进先进节能技术、改进生产工序、提高出口竞争力、改善国内环境、缓解能源供需矛盾和加快向低碳经济转型等。同时，对外低碳投资有效地把环境保护活动市场化，为发展中国家探索利用市场手段解决环境问题提供了新思路和实践参考。发展中国家的企业通过与国际机构合作，学到了先进的管理经验，管理水平得到了提高。节能减碳技术对有效降低二氧化碳排放起到了重要作用，而对外低碳投资可为我国先进的低碳技术与管理经验，我国也正通过清洁发展机制项目积极地引进对外低碳投资。目前，中国已经稳居最大清洁发展项目供应国的地位，据我国碳交易的主管部门国家发改委应对气候变化司副司长孙翠华透露，我国已开发出了 2732 个清洁发展项目，其中 1000 多个已经在联合国气候变化框架公约执行理事会注册，占全球注册量的 41%，减排量相当于 2.3 亿吨二氧化碳排放量，占全球注册项目总减排量的 61%，中国已成为全球最大的碳卖家。

第3章 我国对外直接投资模式与低碳经济环境的非耦合研究

从第2章跨国投资演变趋势的分析可以看出，应对气候变化的低碳约束政策在一定程度上改变了跨国公司运营的市场环境，因此国际资本特别是发达国家对外直接投资流动的方式、流向与范围出现了新的特征，清洁投资领域逐渐走入国际视线。反观我国企业跨国经营的基本模式如何？低碳经济背景下我国对外投资模式与此时的宏观环境是否耦合？本章第3.1节将运用统计分析的方法从我国现阶段对外投资的主要产业、主要动机以及投资主体结构三个维度总结我国对外投资基本模式，并评述现有模式的重要特征；第3.2节则在此基础上，分析低碳经济背景与我国对外投资模式的耦合程度。

3.1 我国对外直接投资模式

3.1.1 对外投资的行业结构

从对外投资的行业结构分布看，20世纪70年代后期至80年代中期，中国企业对外直接投资的领域主要涉及餐饮、贸易、承包国际工程等行业，而制造业的比重则很小。80年代后期至90年代初期，中国对外投资的领域明显拓宽，投资行业开始向资源开发、交通运输、机械制造等行业拓展。贸易类海外企业仍然是投资的主力军，制造业与资源开发业的海外投资开始抬头。20世纪90年代中期至21世纪初，加工贸易在我国经济政策的大力鼓励下发展势头迅猛，成为中国海外投资的主要增长点。21世纪初至今，随着中国经济发展，对外直接投资的投资流量迅速上升，投资的行业分布也更为细化，从以往三次产业的粗放式行业分布逐渐深入到各个产业的细分领域。据统计，2009年位列较前的对外投资行业为制造业、采矿业、商业服务、批发零售、金融业等（统计口径为所在行业投资流量占当年总投资流量的比例）。

近期，我国海外企业的投资领域实现跨越式发展，层级明显提升。过去我国对外投资企业以从事加工贸易为主，现在投资行业的领域已经延伸到资源开发、工业深加工、金融服务、旅游等行业。其中，我国对外直接投资集聚效应较为明显的行业有：采矿业、工业制造业、商贸服务业。根据商务部公布的《2009 年中国对外直接投资统计公报》显示，2009 年年末，制造业总投资额度为 142.4 亿美元，占中国对外投资总量的 24.1%；投资行业主要集中在通信设备、计算机及其他电子设备制造业，有色金属冶炼及加工业、电子器械等。采矿业 140.1 亿美元，占 23.6%，投资的细分领域集中于石油和天然气开采、有色金属矿采选业。以投资控股为主要投资方式的商务服务业共产生对外投资金额 105.2 亿美元，占 16.2%。以企业投资所处的行业结构分布来看，制造业始终是境外企业、境内投资主体投资的重点领域。截至 2009 年年末，中国超过 7000 家的境内投资主体将近三成的投资额投向了制造业，共在海外设立了近 3000 多家境外投资企业从事制造业的相关工作，而商务服务业占投资总额的 15.1%，对外承包工程为 7%，采掘业占 5.4%，交通运输、居民服务和科学研究、技术服务等其他服务业为 7.2%（见表 3-1）。

表 3-1　　　　　　　2003~2009 年我国对外直接投资的行业结构分布　　　　单位：亿美元,%

年份	商务服务业		采矿业		金融业		批发和零售业		交通运输业		制造业		其他	
	总量	比例	总量	比例	总量	比例	总量	比例	总量	比例	总量	比例	总量	比例
2003	2.8	9.8	13.8	48.4			3.6	12.6	0.9	3.0	6.2	21.8	1.25	4.4
2004	7.5	13.6	18	32.7			8.0	14.5	8.3	15.1	7.6	13.8	5.6	10.3
2005	49.4	40.3	16.8	13.7	—		22.6	18.4	5.8	4.7	22.8	18.6	5.2	4.3
2006	45.2	11.4	85.4	40.4	35.3	16.7	11.1	5.2	13.8	6.5	9.1	14.3	11.7	5.5
2007	56.1	11.2	40.6	15.3	16.7	6.3	66	24.9	40.7	15.4	23.1	18.0	23.7	8.9
2008	217.0	28.8	58.2	10.4	141	25.1	65.1	11.7	26.6	4.8	17.7	13.2	33.8	6.0
2009	105.2	16.2	133.4	23.6	87.3	15.5	61.4	10.8	90.6	3.7	142.4	24.0	35.4	6.2

注：表格内比例表示该行业对外直接投资占当年总流量的比重。

资料来源：历年的《中国对外直接投资统计公报》。

3.1.2　对外投资的动机结构

虽然企业对外投资的动因是多元化的，受多重因素影响，但最核心的目的是获取利润。一方面，企业战略的实施需要根据企业自身的条件如竞争优势、市场份额、核心竞争力以及组织运营能力等方面的差异制定不同的跨国经营策略。在实际的区位选择时，跨国公司往往在某些经营要素上拥有的竞争优势，如公司产品在同类产品中的价格、品质、口碑等，这些要素成为企业国际化经营决策的重要参考指标。另一方面，由于各个东道国的经营环境与该国经济体制、文化传统、政府管理制度等不同因素相关，企业必须适应东道国的环境要求。

　　继 2005 年和 2006 年后，中国国际贸易促进委员会于 2008 年年末至 2009 年年初开展了第三次"中国企业对外投资的动因调查"活动。为了更好地了解中国对外投资的现状与企业投资的意向，此次调查扩大了调查规模，规范了取样对象。首先，在调查对象方面进行了初步筛选，以中国国际贸易促进委员会的会员为准入门槛，并且只选定有一定经营规模的企业为对象（年收入不得低于 100 万元人民币），然后对该样本集的企业海外投资的动机进行了问卷调查（见表 3 - 2）。

表 3 - 2　　　　　　　　跨国投资兴办海外企业的动因

项　　目	作为重要动因的企业数	认为不重要或没有考虑的企业数	作为重要动因的企业占企业总数的比重（%）
到国外发挥自己的优势	11	11	50
获取较高利润	13	9	59
绕过贸易壁垒、维持出口市场	13	9	59
取得当地生产要素和政府优惠	15	7	68
带动资本商品和劳务出口	16	6	73
开辟国外新市场	19	3	86
取得国外第一手生产和市场信息	21	1	95
为企业其他经济活动创造条件	22	0	100

　　资料来源：商务部合作司。

　　由表 3 - 2 的调查资料可知，我国企业对外直接投资的主要动因如下：

3.1.2.1　寻求更广阔的海外市场

　　在现阶段，我国企业对外直接投资的动因是海外市场寻求。在这个动因推动下，进行对外直接投资又可以细分为以下几种情况：

　　（1）规避贸易壁垒。尽管贸易自由化的议题已经不绝于耳，但关税、技术标准、配额管制和其他多种形式的贸易壁垒仍然存在。因此以对外投资的手段打入国际市场不失为一个明智的选择。如海尔集团在美国投资建厂，将生产基地转移到东道国，既可以保护出口市场，又打开了新市场。

（2）开辟新市场。驱使企业开辟新市场的动机主要有：国内市场相对饱和、市场份额难以进一步增长；具有某方面技术优势的企业利用其创新能力打开国际市场。对于前一种情况，一般是处于产品生命周期后期的成熟性产品，国内市场份额难以提升，企业通过海外投资的方式可以获取高额利润。而对于技术创新的新产品而言，企业为了同时占领国内和国外市场，在产品生产和销售的初期已制定了国际化战略。

3.1.2.2　开发自然资源

中国地广物博，资源丰富。然而，中国人口众多，人均资源的占有量与国际平均水平相比是比较低的。为了弥补国内资源的缺口，可以在海外设立企业，以对外投资的形式有效的利用国外资源。这样就能补充我国自然资源的不足，保障我国稳定的资源供应。

严格意义上讲，这种资源寻求型的对外投资又可以分为两种类型：一是建立在稀缺资源基础上的寻求，东道国和投资母国之间由于各国的自然资源、要素禀赋不同，形成了垂直型国际分工；二是为了获取生产原材料，形成企业稳定的供应链，国际原料市场供给、需求波动导致了价格的变化，部分对外投资企业为了避免进口原料的成本波动幅度过大，减少原料供应的不确定性，往往选择在原材料资源丰富的东道国投资建厂以获得加工优势。

国际会计师事务所普华永道2014年1月发布的《中国企业并购报告》显示：2013年全年，中国企业共参与海外并购200宗，并购数量同比上升5%，并购总金额达515亿美元。从投资领域看，中国国有企业海外并购交易的投资重点仍主要集中于能源电力、资源（原材料）和工业等行业；民营企业的投资领域则更趋多元化，除上述三大行业外，还涉及工业技术、消费品及服务，以及高科技等行业。从投资地区来看，中国企业对亚洲、欧洲地区的并购增多，对北美的并购交易减少。普华永道企业购并服务部合伙人郭伟认为，随着越来越多的中国公司把目光投向境外成熟市场，国有企业和民营企业的海外并购活动将继续活跃。随着中国投资者海外并购交易经验的不断丰富以及政府的支持和引导，2014年将有可能成为中国企业海外并购交易活动的标志性年份。

以石油资源为例，近几年来，中国的海外投资活动显著增加（见表3-3和图3-1）。由中国石油集团经济技术研究院编撰的《2013年国内外油气行业发展研究报告》显示，2013 年我国原油产量估计达到 2.1 亿吨，比上年增长 2.1%；石油对外依存度为 58.1%。2013 年我国天然气进口量为 530 亿立方米，对外依存度达到 31.6%，首次超过 30%。中国已经超越伊朗成为全球第三大天然气消费国。2013 年我国石油和原油表观消费量分别达到 4.98 亿吨和 4.87 亿吨，比上年增长 1.7% 和 2.8%，增速较 2012 年下降 2.8 个和 1.7 个百分点；石油对外依存度为 58.1%，与上年基本持平；成品油供需持续宽松，出口大幅增加。全年天然气表观消费量为 1676 亿立方米，比上年增长 13.9%，占一次能源消费的比重由上年的 5.4% 上升至 5.9%。天然气进口量达到 530 亿立方米，对外依存度达到 31.6%。报告预计，2014 年我国石油需求增速在 4% 左右，达到 5.18 亿吨。石油和原油净进口量将分别达到 3.04 亿吨和 2.98 亿吨，较 2013 年增长 5.3% 和 7.1%，石油对外依存度达到 58.8%。天然气市场供需仍将保持紧平衡，预计表观消费量达到 1860 亿立方米，比 2013 年增长 11%，在一次能源消费中所占比重增加到 6.3%。

表 3－3   2007 年部分中国资源寻求型企业海外并购活动

公司	交易内容	交易额
首钢集团	收购澳大利亚 Asia Iron Holdings 公司 73% 的股份	5250 万澳元
中国铝业公司	收购加拿大秘鲁铜业公司 91% 的股份	8.6 亿美元
上海华谊集团	收购美国佛罗里达州 Moltech 能源系统公司	2000 万美元
中国移动集团	收购印度尼西亚南洋矿业 100% 的股权	27.3 亿港元
上海宝钢集团	澳大利亚一座铁矿 48% 的股份	3000 万美元

资料来源：中商情报网，http://www.askci.com/.

3.1.2.3 寻求先进技术

技术寻求型对外直接投资是指企业通过在发达国家以并购高科技企业、研发部门的方式，获得东道国企业的先进技术与研发资源，迅速地提高本国企业核心竞争力的投资。它是我国能动性学习与吸收国外先进技术的一种有效手段。20 世纪 90 年代以来，随着我国沿海地区与东部地区进入了工业的中期阶段，许多企业纷纷踏出国门，实施了该类型的对外直接投资。虽然从规模和数量上看，目前我国企业的技术寻求型对外直接投资还处于婴儿期，如 1998 年中兴通讯设立了三家研发机构，分别坐落于在美国的新泽西、硅谷和圣地亚

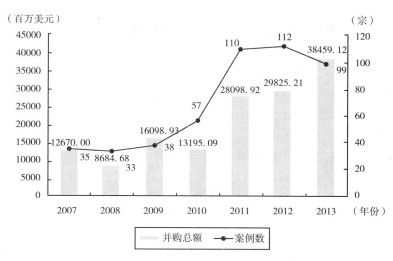

图 3 - 1　2007 ~ 2013 年中国企业海外并购趋势

资料来源：中商情报网，http://www.askci.com/.

哥，2002 年上海电气并购了日本秋山印刷机械制造株式会社，2004 年韩国双龙汽车被上海汽车收购。但从发展态势看，"走出去"思维有战略高度，瞄准全球技术资源，掌握先进技术填补产品的技术空白，为我国进入海外市场，实施贸易替代型投资奠定了基础，并已成为我国企业提升技术存量水平、技术研发能力、获取核心竞争优势的重要路径。

3.1.3　对外投资的主体结构变动趋势

当前，我国对外投资的企业性质比较多元化，反映了中国改革开放后多种经济成分的共同发展的积极作用。

从投资主体结构的演变看，1979 ~ 1985 年，中国五矿进出口总公司、中国化工进出口总公司、上海机械进出口公司等海外投资主体相对活跃。在这一时期，我国的审批制度逐步放开，部分新兴投资主体进入海外市场，通过对外投资等方式吸收国外先进的新技术和管理经验，促进了产品质量的提升与产品性能的稳定。20 世纪 80 年代后期到 90 年代初期，中国的跨国企业不再限于外贸专营公司、涉外经济合作公司等，一些跨行业的集团式生产企业也加入了对外投资的行列。这个时期，中国国际信托投资公司、首钢集团、中国五金矿产进出口总公司、中国远洋运输集团公司等一批企业在国际市场上崭露头角，形成了一定的竞争规模。20 世纪 90 年代初至 21 世纪初，我国涌现出一批生产性企业，他们抓住了时代的机遇，利用国家大力调整产业结构、号召企业拓展海外市场、积极开展境外加工贸易的时机，到境外加工装配与生产，例如，海尔、康佳等行业排头兵和优秀企业纷纷到境外开办企业，并取得较好成效。与此同时，对外投资主体中的外贸专营公司所占比重增长幅度逐步减小，所占比例仅仅由 1993 年的 40.5% 上升到 2000 年 44% 左右。2001 年至今，投资的权重主体虽然仍以国有大中型企业为主，但投资主体已呈现出多元化的发展趋势。这段时期，民营企业在中国对外直接投资中的份额稳步增加，并取得了一定成绩。如浙江万向集团名下的美国分公司，已树立了汽车零部件品牌形象，参与到福特、通用汽车等大跨国公司的供应网络；江浙地区的个体商业经营者在俄罗斯、南非、巴西等地建立连锁中国商品市场，既拉动了国内商品出口额的增长，又创造了丰厚的利润。

我国对外直接投资主体已改变了以国有企业为主的单一格局，现在开拓国际市场的企业还包括一些集体企业、民营企业。虽然我国进行海外投资的企业数量不少，但真正占据主导地位的还是大中型国有企业，历年投资数据表明，海外资产规模位列前十名的企业均为国有或国有控股企业。从投资存量来看，截至 2009 年年末，国有企业占大半壁江山，高达 69.2%，而有限责任公司、股份有限公司占 27.6%，私营企业和股份合作企业各占 1.0% 左右，我国港澳台地区投资企业占 0.1%，外商投资企业占 0.5%（见图 3-2）。截至 2010 年在非金融类对外直接投资存量中，中央企业和单位占 77%，地方占 23%。但从投资流量来看，国有企业所占比例呈下降趋势。

3.1.4 我国对外投资模式的总结与评析

综上所述，由于中国真正意义上"走出去"的时间尚且不长，我们可以看出中国对外投资的整体模式具有以下特征：其一，从投资目标产业来看，我国仍然是以制造业、采掘业等高耗能、高排放的传统产业为主；其二，从投资的动机来看，我国对外投资是以规避贸易壁垒、开发自然资源填补国内能源缺口为主要动机，瞄准的是国外的出口市场与发展中国家的自然资源；其三，从投资主体来看，中国对外直接投资主体虽然众多，但居主导地位的仍是国有企业，特别是中央管理的大中型国有企业集团。

这些特征反映出我国对外投资模式确实有中国"烙印"。我国作为贸易大国，非常看重海外出口市场，部分制造业企业积极进行对外投资，但这些产业

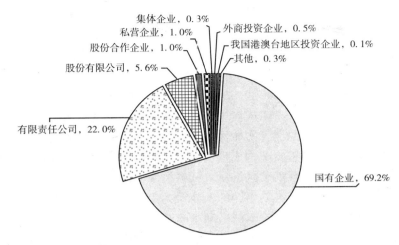

图 3 - 2　2009 年中国非金融类对外直接投资存量主体结构

资料来源:《中国对外直接投资统计公报 (2009)》。

普遍具有高耗能、高排放的弊端和潜在风险,容易招致环境壁垒的冲击;我国国内经济发展需要大量的能源供给,以对外投资的方式寻求发展中国家的能源供给,填补国内能源缺口符合中国目前的国情。但能源资源的战略意义不言而喻,各国对此类跨国投资都保持了高度警醒,设立了许多限制,跨国投资的风险程度较高,而我国投资主体结构多元化的格局演变还需一定的时间。

3.2　东道国低碳投资壁垒与我国对外直接投资模式非耦合

鉴于以上分析结果,我们得出了一个初步结论,即我国对外直接投资确实存在一个独特的"中国模式"。这一模式既出自于我国贸易大国的身份,也在于我国能源储备与经济发展的国情。然而,我国对外投资的时间不长,经验积累与能力储备尚且不足,随着低碳约束在全球范围内兴起,我国企业对外投资模式已经受到很强的冲击。从根本上来说,我国对外投资模式与东道国的低碳环境政策是非耦合的。

商务部发布的《中国对外贸易形势报告 (2010 年春季)》指出,国际市场需求回暖,但动力不足,而部分国家和地区贸易保护主义愈演愈烈,针对中国的贸易摩擦形势更加严峻,2010 年第一季度中国遭遇贸易救济调查就达 19 起,涉案金额 11.9 亿美元,同比增长 93.5%,同时与低碳经济相关联的投资壁垒增多。从法律上定义对外投资壁垒，是指其他国家或地区政府采取和执行的政策措施，使其与本国签订的双边投资保护协定和使该国或地区与本国合作投资有关项目的多边条约产生以下影响：第一，对于项目实施造成损害或者产生不利影响；第二，对于本国产品进入该国或地区的市场或者本国产品进入第三国或地区的市场产生或者可能产生不合理的阻碍或限制；第三，对于源自本国的投资进退该国或地区产生或者可能产生不合理的阻碍或限制；第四，对于本国在该国或地区投资的经营实体经营活动产生或者可能产生不合理的损害。上述任意影响发生，则该措施构成投资壁垒。更深层次地说，低碳投资壁垒是资本输入国通过建立一系列碳减排量、低碳技术标准等形式来保护人类以及动植物的气候环境，控制资本输出国的资本进入，同时资本输入国在投资准入、投资经营等环节设置一系列的限制措施来限制其他国家的资本输入。低碳投资壁垒的表现形式主要有三种：一是在高能耗、重污染等高碳行业禁止或者限制外国的投资；二是制定一些法规向某些领域投资征收低碳税；三是通过一系列国际气候公约，如《京都议定书》等，为他国对第三国设置投资障碍。目前，对来自国外的投资，绝大多数的国家都设置了不同程度不同类型的投资壁垒。欧盟、美国、澳大利亚和加拿大等发达国家和地区的低碳投资水平相对较高，在国别的层面上，一国的技术优势将体现在其低碳壁垒的选择方式。通常情况下，优势国会倾向于设置低碳壁垒的清洁技术，并且出台更多的碳排放标准。一般情况下，具有技术要素优势的国家，倾向于通过低碳技术壁垒来巩固自身的技术优势，同时也倾向于用碳关税措施强化这种效果。所以，这些优势国往往会实施低碳壁垒单轨制。

目前，国际市场的低碳约束与我国对外投资模式非耦合主要体现在碳排污标准、东道国碳税、环境信息这三个方面。

3.2.1　碳排污标准视角

全球新排放标准与约束性政策措施陆续推出。政策的执行在一定程度上改善了环境质量，按行业制定越来越单轨制的排放标准，实现污染控制目标，也左右着相关产业发展的走向。我国的相关标准一直与某些发达的投资东道国存在较大距离，而随着全球低碳经济的发展，各国的排放标准特别是原来标准较低的发展中国家都将大幅度增加与提高，以美国加州历年出台的复合木制品甲醛释放新标准为例（见表3-4）。

表 3 - 4　　　　　　　　　**美国加州出台复合木制品甲醛释放新标准**　单位：以百万份计 ppm

阶段	生效日期	硬木夹板：薄片核心	硬木夹板：复合木核心	刨花板	中密度纤维板	薄型中密度纤维板
第一阶段	2009 年 1 月	0.08		0.18	0.21	0.21
	2009 年 7 月		0.08			
第二阶段	2011 年 1 月	0.05		0.09	0.11	
	2012 年 1 月					0.13
	2012 年 7 月		0.05			

资料来源：中国木材保护网（www. cwp. org. cn）美国《复合木制品甲醛标准法案》中文版。

全球行业性排放标准的覆盖率进一步增加，综合性排放标准覆盖率又形成进一步缩小的趋势，污染物排放控制水平的压力也就不断增高。印度正在行动以期实现其温室气体强度目标。具体办法包括：提供补贴、上网电价及其他政策以实现太阳能在印度的安装量大幅上升；实施名为"执行、取得和交易"的项目，为工业厂房设立目标以提高其能源效率对煤炭征收"清洁能源税"，用来创建国家基金以支持可再生能源项目。美国正在通过现有的"武器"继续其减排方案，尽管之前美国参议院未能通过一项全面的能源和气候法案。通过利用《清洁空气法案》，美国正在进行的减排行动包括发布《危害研究报告》、建立新的客运和重型车辆的排放标准并限制新电厂的建立和工业企业的扩张。同时，美国还实施了新的家电能效标准和其他措施。美国东北部各州也在考虑加强其排放权交易体系。欧盟已经规划好从 2013 年（减排方案的下一阶段的第一年）开始执行的进一步单轨制的减排目标，并已规划在 2012 年以后强制欧盟企业遵守其国内的温室气体"总量控制与交易"制度。同时，欧盟正在讨论深化减排努力，争取在 2020 年实现排放水平比 1990 年降低 30%。巴西正继续其对抗森林破坏的行动，他们取得的初步成果表明，毁林程度呈继续下降趋势，成绩如此骄人以致政府宣布他们的目标将在 2016 年提前得以实现，而不是最初预计的 2020 年。南非是墨西哥坎昆会议之后的下一次联合国气候会议的东道国，也开始规划如何实现其在哥本哈根做出的减排承诺。南非内阁 2011 年 10 月批准了《国家气候变化应对政策》，政府承诺确保解决气候变化问题，并表示国家在转向或过渡到低碳经济。墨西哥提出了一项规定要从 2011 年 12 月开始淘汰低效的白炽灯泡并建立了针对所有普通类型灯泡的最低能效标准。西方国家的严苛排污收费也设置了较高的准入门槛。其大致可以分为两个方面：一是标准的按量计价法，即根据企业排污量乘以单位排污费收取总的排放费；二是以税计费，即根据环境税的税率征收排放费。欧美等国政府一直鼓励企业自行配备相关净污设备，自助处理污染，使其符合国家政策的排放标准。没有处理的部分按照以上两种方法缴纳排污费。例如，德国政府要求企业的废水一律收费，缴纳的费用按单位重量水的有害物含量计算，并逐年累加。在环境税方面，一般有三种类型：其一，对企业排放污染物征收的税，包括对排放废水、废气、废渣等的课税，如英国、荷兰、挪威等征收二氧化碳税，美国、德国、日本征收二氧化硫税，德国征收水污染税；其二，对高耗能高耗材行为征收的税，如德国、荷兰征收的润滑油税，美国、法国征收的旧轮胎税，挪威征收的饮料容器税等；其三，对城市环境和居住环境造成污染的行为税，如美国、日本征收的噪音税和工业拥挤税、车辆拥挤税。荷兰政府的征收范围更广：对固体垃圾、废弃燃料、矿物开采、废水排放甚至噪音等全部征收污染税。美国政府则对损害大气层的化学品征收从量消费税。西方各国比较认同的做法是以污染物排放的数量和污染浓度来缴纳税金，缴纳的排污费用主要用于污染的处理与再循环。制定这些环境政策的真正目的在于体现环境保护成本，扭转"守法收益低，执法成本高"的错位现象。环境政策在过去几年的发展中，还承载了更多职能，如排污权交易市场的出现与发展就使得有条件的企业可以通过市场的运作抵消环境保护投入所增加的成本。

排污标准的严苛意味着高耗能、高污染排放的对外直接投资企业将为此付出更多的环保税费。我国对外投资产业结构分布的最大权重是制造业。如通信设备、计算机及其他电子设备制造业，纺织业、交通运输设备制造业，医药制造业、黑色金属冶炼及压延加工业（如钢、铁）、有色金属冶炼及压延加工业、电器机械及器材制造业等。这些行业都具有高耗能的特征，环保税费的增加将导致我国这些行业的海外运营成本大幅增长，而那些资源能耗高、生产设备效率低、排污严重的中国对外投资企业将被淘汰出局。

3.2.2 东道国碳税视角

经济合作与发展组织一直从事国家绿色税收建设，并经历了大致三个阶段：20 世纪 70 年代到 80 年代初，这个时期绿色税收主要体现为补偿成本的收费，即基于污染者负担原则，要求排污者承担监控、治理排污行为的成本，这是绿色税收的雏形；20 世纪 80 年代至 90 年代中期，这个时期的绿色税收日益增多，如排污税、产品税、能源税、碳税和硫税等，其功能综合考虑了调节和财政两方面；20 世纪 90 年代中期以来，经济合作与发展组织国家纷纷推行绿色的财政、税收政策，生态税收迅速发展。2009 年 6 月 25 日经济合作与发展组织部长会议在巴黎闭幕，会议上还发表了一份绿色增长宣言，旨在推进环境友好型增长政策，使用低碳能源来实现可持续增长。这份宣言由经合组织 30 个成员国及智利、爱沙尼亚、以色列和斯洛文尼亚 4 个计划加入该组织的国家共同签署。各国在宣言中要求经合组织制定一个绿色增长策略，将经济、环境、技术、资金和发展诸多方面纳入一个综合框架之中。各国在宣言中承诺：将寻求绿色增长策略作为当前和今后危机应对努力的一部分；通过市场手段、经济刺激、政策法规等综合手段，鼓励绿色投资和自然资源的可持续管理；鼓励国内政策改革，以避免和消除那些阻碍绿色增长、助长非持续性地使用稀缺资源、招致不良环境后果的政策；确保绿色增长措施与就业市场和人力资源培训政策相互协调。2010 年 11 月经济合作与发展组织发布了其最新的《税收、创新和环境》报告，该报告在分析了包括韩国、日本、西班牙、瑞典、瑞士、英国和以色列等国的环境税收制度后提出，通过税收转嫁和补偿等方式，向高碳产品征税，可显著推动绿色创新和经济增长。环境税收和税收转嫁将通过温和与渐进的方式，税收则作为企业渐进式转移生产方式的重要手段，使企业得以从污染大户往更加绿色环保的方向转变。例如，芬兰作为最早实行碳税的国家之一，从 1990 年开始征收碳税，征税范围包括所有的矿物燃料。早先以碳含量为基础征税，税率从 1.62 美元/吨碳增加到 1993 年的 2.96 美元/吨碳。1995 年则调整为碳/能源混合税，而 2008 年则增加到了每吨征收 30 美元。瑞典则是在 1991 年整体税制改革中引入碳税，征税范围包括所有燃料油，税率根据燃料含碳量不同而有所区分。2008 年瑞典对每吨二氧化碳排放量征收 107.15 欧元。丹麦早在 20 世纪 70 年代就开始对能源消耗征收碳税，当时征收对象的范围包含家庭和非增值税纳税企业。为实现《京都议定书》和欧盟契约减排义务分配的减排额，丹麦制定标准税率为每吨 12.10 欧元。从 2008 年来看，以上三个国家碳税占 GDP 的比重约为 0.4% ~ 0.7%。从碳税占能源税的比重来看，芬兰和丹麦较低，大约在 15.4% 左右，瑞典较高，大约占整个能源相关税收的 1/4；碳税占税收收入的比重，一般在 1% 左右，也是瑞典较高，而芬兰和丹麦较低。除这三个国家之外，意大利根据燃料排放二氧化碳量制定累进税率，最低每吨 5.2 欧元，最高为 68.58 欧元，碳税收入大约占 GDP 的 0.09% 和税收收入的 0.22%；加拿大魁北克省的碳税收入大约占其地方税收收入的 0.36%，占其地方财政自有收入的 0.31%，占其地方财政总收入的 0.25%。征税对象范围涉及石油、煤炭、天然气等矿物燃料，同时北欧国家的碳税在征税对象上包含了一次能源，例如煤（丹麦、荷兰、芬兰）、天然气（丹麦、瑞典、挪威）。挪威还对大陆架石油开采中所燃烧的石油征碳税，实质上拓宽了税基，碳税实施效果较好。世界投资服务机构（WIW）近些年对 280 多个包括世界 500 强企业在内的经济体进行了问卷调查，其中一项调查内容是企业衡量在东道国遭遇的低碳约束。为反映被调查国家在低碳方面的投资壁垒，大部分的调查对象是来自发达国家有较强国际投资经验的工业、服务业、银行以及能源领域大型企业。问卷要求各个企业根据东道国碳税、产业发展规划、碳排放标准等方面对投资环境进行打分。从问卷结果来看，基于碳税、国家战略、经济安全以及低碳技术优势等方面的衡量标准，调查结果显示英国、德国、法国、巴西、韩国、丹麦、瑞典等实施碳税的国家投资壁垒较高。

碳税的征收在更大范围内对我国企业在东道国的投资运营成本产生重大影响，它几乎涉及我国对外投资的所有产业。碳约束将成为能源资源领域新一轮国际投资壁垒的主要形式。它填补了能源领域碳标准的空白，改变几个世纪以来，对外投资以高能耗、高碳产业转移为主的格局。与国际相比，我国对外投资的清洁技术体系不成熟，碳排放交易市场更是尚未出现，中国企业"走出去"将面对比国内严苛许多的碳标准，这些投资壁垒必将威胁我国"走出去"企业的生存和发展空间。

3.2.3 环境信息视角

2008 年 5 月 1 日开始实施的《环境信息公开办法（试行）》对完善中国环境治理机制具有里程碑式的意义。国际经验表明，扩大环境信息的公开有助于减少污染排放。随着社会各界环境保护意识的增强，企业已经开始感受到来自各个方面要求公开环境信息的压力，这些压力可能来自证交所、环境监测单位、民间环保组织等。对环境信息的多种利用，能促进自觉的企业进行自我完善，加强企业的社会责任感。国际上通行四种标准的环境信息披露方式：污染物排放与转移登记制度、环境影响评估、电子政务法规和产品标识。污染物排放与转移登记制度是指对特定污染物的排放和转移情况进行报告和登记，并将相关数据向社会公布的一项环境管理制度。美国 1986 年版的有毒物质排放清单是此类登记制度的首创。这份清单里包含一个国家或行政区域内污染排放物的数据库和部分潜在威胁大气、水、土壤的有害化学物质。污染物排放与转移登记制度是在重大有害化学品事故频发的背景下产生的，目前已被包括美国、加拿大、澳大利亚、日本在内的 30 多个国家普遍采用，并已经成为欧美等发达国家环境信息公开的主要载体，其政策体系及信息化程度日趋成熟。实践证明，污染物排放与转移登记制度在有毒污染物的控制以及重大化学事故防范方面成效显著。

不同于国内相对宽松的环境信息监管，我国对外投资企业必须公开环境信息压力一直存在。例如，伦敦的碳信息披露项目 （Carbon Disclosure Project，CDP），是机构投资者关注气候变化对企业经营影响的主要渠道与基本模式，其主要的目的是在高质量碳信息的前提条件下推动投资方与东道国的对话，在气候变化所引起的股东价值和公司经营之间创造一种持久的关系。CDP 创建于 2000 年，并且 2003 ~ 2009 年，CDP 陆续发布公告 CDP1，CDP2，CDP3，CDP4，CDP5，CDP6 和 CDP7。CDP 试图形成公司应对气候变化，碳交易和碳风险方面的信息披露标准，以弥补一些缺陷，例如没有碳排放权交易会计准则规范所产生的缺陷。由于没有碳排放会计准则的制约，CDP 披露的范围更广，形式更为灵活。CDP 起初主要是披露世界 500 强公司所面临的碳风险，随着 CDP 对企业影响不断扩大，影响力也更为广泛，有越来越多的投资机构参与到 CDP 中来。到 2010 年年底，CDP 已包括 534 个签约机构投资者，投资总额达到 64 万亿美元之多 （见表 3 – 5）。

表 3 – 5　　　　　　2003 ~ 2009 年 CDP 投资机构及其资产总额

年份	2003 CDP1	2004 CDP2	2005 CDP3	2006 CDP4	2007 CDP5	2008 CDP6	2009 CDP7
机构投资者 （个）	35	95	155	284	315	386	475
机构投资者资产总值（万亿美元）	4.5	10	21	31	41	57	55

资料来源：中国碳排放交易网数据整理而得。

3.3　新能源技术的利用与我国对外直接投资模式非耦合

3.3.1　全球新能源的开发与利用

全球能源消费与价格上升带来清洁技术生产的压力。全球能源业有三个重要的长期趋势：一是随着人口增长、经济繁荣和工业化，全球能源需求激增；

二是能源价格波动加剧，供应出现吃紧，常规能源不能满足需要，须调用各种形式能源；三是环境压力加大，科学家提出 21 世纪中期温室气体应减排一半，以避免最坏的环境变化。原油是公认的国际能源类大宗商品的典型性代表，在全球能源消费结构中，其占比最大，为 35% ~ 40%。2010 年年初至今，以原油为代表的全球能源类商品价格维持高位震荡走势。从 2010 年 2 月至今的 NYMEX 原油价格走势中可以看出，2010 年 2 月至 5 月，原油价格呈现逐步攀升的状态；2010 年 5 月初，欧债危机爆发，原油价格急速回落；2010 年 6 月至 8 月，原油价格窄幅震荡；2010 年 9 月至今，原油价格恢复上升趋势。美国政府甚至在 2010 年 4 月 1 日公布了进一步单轨制的汽车油耗标准。新标准要求汽车生产商所有车型平均油耗量到 2016 年实现每升油可行驶 15.1 公里，要求平均二氧化碳排放量降低至每公里 155 克。随着经济的增长及人口的增加，各国对能源的需求量越来越高，全球能源消费与价格不断攀升，经济发展与资源环境的矛盾越来越突出，能源和气候变化问题已成为当今全球最引人注目的问题。目前的能源机构正面临重大的挑战，各国都将节能减排视为当前的首要任务。节能减排是否取得成功的关键是科学技术的进步，提高能源效率的清洁技术、研发清洁能源技术以及碳捕获和封存技术将有效地促进节能减排。清洁技术将贯穿于经济活动的每一个细节，并渗透到能源使用以及温室气体排放的每一步。清洁技术是未来全球能源的发展趋势，各国逐步通过政策导向鼓励或强制企业采用或研发清洁技术来实现节能减排。2009 年 7 月 15 日，英国政府首次对外发布了一揽子重大战略规划：《英国碳减排战略》、《英国新能源计划》，此举表明英国决心在政府预算框架内实施一系列碳减排计划，正式开启碳时代管理政策。在政策和资金两个方面，英国政府明显向新能源、碳捕获和封存技术、清洁煤等低碳产业倾斜，积极研发新的绿色技术、培育绿色制造业，确保英国在低碳新技术领域处于领先地位。德国的低碳壁垒主要是在工业领域。德国注重加强与欧盟工业政策的协调和国际合作，鼓励对环保技术创新的投资，并通过各种碳税收政策措施限制高碳行业发展。法国的绿色革命领域锁定在了新型能源的开发上，2008 年法国的环境管理部也高调发布了《发展可再生能源的计划》，这一计划标志着法国政府也成为特别设立相关部门发展绿色经济的领头羊。此项计划有 50 项措施，囊括了包括太阳能、地热能、风能以及清洁煤发电等在内的各个可再生能源领域。除了致力于发展绿色能源领域之外，法国政府还积极研发低碳型太阳能汽车，此计划估计投资数亿欧元，用于资助该实验室的建成。2009 年法国政府又将核能视为绿色经济的重点之一，通过资金和政策倾斜，旨在打造法国绿色经济的又一个支柱产业。

3.3.2　国际能源市场趋势与我国能源寻求型对外投资

反观近年来我国企业海外投资，从趋势上看，传统能源领域的采掘行业仍然是中国大型国有企业海外投资的重点。2007 年中国对外投资中采掘业就达98.5 亿美元，占投资总额的绝大多数，几乎占到 1/2，这主要集中在高碳能源石油、黑色金属与有色金属采选业。统计数据显示，至 2008 年年末，中国采掘业对外直接投资位居第三，比重为对外投资存量总和的 15.1%，高达 86.5亿美元，仅次于商业服务业与批发零售业。而 2009 年中国采矿业对外投资总额突破 100 亿美元，是 2005 年 18 亿美元的 6 倍。由于 2009 年中国采矿业有一些比较大的跨国并购交易，所以当年中国能源资源海外直接投资达到创纪录的 133 亿美元。而 2010 年中国企业在该领域的对外投资流量又大体恢复到2008 年的水平，为 57 亿美元。截至 2010 年年末，中国采矿业海外直接投资存量达到 447 亿美元，排在商务服务业和银行业之后，占 14.1%，在各行业中居第三位。经过十多年的时间沉淀，中国已超过日本和韩国，成为利用境外资源的规模和能力最强的亚洲国家。我国三大石油公司已经形成了从油气勘探开采开发、炼油化工、管道运输到工程技术服务、国际油气贸易和装备制造等一条龙投资格局。三大公司投资遍布全球 30 多个国家，旗下管理着 70 多个油气投资项目，每年获得天然气权益产量近 40 亿万立方米，原油权益产量近2500 万吨，同时，我国大型石油公司正积极洽谈收购东亚、中亚的油田股份，并积极与俄罗斯商讨天然气管道的铺设项目；我国锁定北非作为很有潜力的海外资源开发区域，针对能源合作问题同埃及等北非三国达成初步共识。究其原因，主要在于我国作为发展中国家，人均资源拥有量低，必须在资源富集的国家与地区寻找重要自然资源的海外供给基地，寻求国外资源填补国内缺口是确保国家经济安全与资源供给的必要手段。此外，我国世界工厂地位的逐渐形成、国内消费需求的迅速膨胀，生产企业对传统能源如石油、铁矿石、铜等能源与原材料资源的需求急剧上升，而我国能源的进口依存度已相对较高。中国石油集团经济技术研究院最新发布的《2013 年国内外油气行业发展报告》显示，2013 年我国石油（成品油）和原油的表观消费量分别达到 4.98 亿吨和4.87 亿吨，同比分别增长 1.7% 和 2.8%；石油对外依存度达到 58.1%，与2012 年基本持平。不过该报告预计，2014 年我国石油和原油净进口量将分别达到 3.04 亿吨和 2.98 亿吨，较 2013 年增长 5.3% 和 7.1%，石油对外依存度将继续上升。2013 年我国天然气表观消费量达 1676 亿立方米，进口量快速增长，全年进口量 530 亿立方米，对外依存度突破 30%，升至 31.6%，超越伊朗成为世界上第三大天然气消费国。同时根据海关总署公布的数据显示，2013 年我国煤炭进口 3.27 亿吨，出口 751 万吨，净进口量达 3.2 亿吨，比 2012 年增加 4000 万吨，再次刷新煤炭进口量的新高。卓创资讯的数据则显示，2013 年我国煤炭对外依存度为 8.13%，较 2012 年的 7.11% 上升明显。

在能源对外依存度攀升的同时，中国能源企业"走出去"的步伐也在加速，为确保各国家的经济发展与能源供给稳定，以国有控股的大型企业等为代表的跨国公司纷纷在国际上寻找合作机会、加大资本输出和投资力度。2013 年中国企业成为全球能源市场的最大买家。根据中石油经济技术研究院的报告，2013 年我国企业海外油气权益产量继续保持较快增长，首次突破 1.1 亿吨。中石油受苏丹项目复产推动，油气权益产量继续保持增长，达到约 5800 万吨；中石化在 2012 年和 2013 年先后收购了尼日利亚、北海和埃及等在产油气田项目，油气产量预计将超过 3000 万吨；中海油则在 2013 年年初完成了对加拿大尼克森石油公司的并购，交易耗资 151 亿美元，创中国企业最大的海外并购金额，而得益于尼克森的产量贡献，油气权益产量达到 1800 万吨，其中仅尼克森产量计入就增加了 800 万吨。中石油经济技术研究院海外投资环境研究所副所长吴谋远介绍，2013 年中国企业海外能源并购总交易额达到 222 亿美元，成为年度全球能源并购市场最大买家。此外，更多民营和非石油资本开始参与海外油气资产并购。据统计，2013 年民营企业成为海外油气并购的新生力量，正和股份、美都控股、长江投资和新时代能源等公司均开展海外并购，金额达到 12 亿美元，创历史最高水平，投资目标主要是北美页岩油气项目和重油资产。

我国寻求传统能源缺口的对外投资现状与国际新能源革命的趋势严重不一致，势必造成其他各国对于传统能源勘探的限制与监管。以欧洲、美国、澳大利亚等国家或地区为例，当地的能源部门正逐步推行的"提高能源效率"法案。法案规定，当企业使用的能源成本高于全部产值的某个上界值，就将征收高额能源税、二氧化碳税。由于我国石油建设企业在石油行业产业价值链的各个环节中能耗大，环境标准较低，与国际知名的石油承包商相比还存在着明显的差距，因此，我国能源对外直接投资企业将面临严苛的东道国投资限制与政策风险。此外，我国资源寻求型对外直接投资和援助项目主要集中在东南亚、非洲、拉丁美洲等发展中国家和地区。这些地区的生态环境非常脆弱，容易引起生态环境问题。权威人士告诫，目前中国海外投资中环保争议较多的主要集中在能源开发、林业等资源开发利用类项目。《世界投资展望（2011）》以及《世界能源投资展望》预测，到 2035 年，全球能源投资需求将达 40.2 万亿美元，是目前投资规模 1.6 万亿美元的 25 倍，全球能源行业投资的增长空间巨大。但是我国资源寻求型对外投资，特别是能源领域的对外投资将面临极大挑战。从近年来石油行业跨国经营的情况来看，虽然在国际化道路上取得了一定进展，但是"走出去"仍面临越来越严苛的东道国环境政策阻碍。

第4章 低碳经济背景下我国对外直接投资模式转型的理论研究

正如上文的分析，我们概括了世界发达国家对外投资的发展轨迹：首先是通过产业转移的方式向发展中国家转移了大量污染产业，再是顺应低碳经济的趋势，大力发展绿色产业，致力于清洁发展机制等清洁产业领域的国际投资。而我国企业对外直接投资尚且处于新兴阶段，投资模式仍然传统守旧，高耗能、高排放产业的对外投资模式不能与国际气候政策环境耦合。为了避免低碳约束对我国对外投资模式的强烈冲击，转变现有投资模式成为必然。那么，我国是否具备转型的条件与基础呢？为寻求答案，我们立足于西方经济学微观理论，借助"生产成本—机会成本—消费者偏好—企业收益—社会福利"的理论逻辑框架来分析。这个框架尝试解决以下问题：低碳约束如何改变我国对外投资企业的成本与收益？碳交易市场下的机会成本如何影响跨国企业的对外投资行为？消费者市场对清洁产品的偏好成本如何影响我国对外投资企业转型？转型后对社会福利的贡献有多大？

4.1 低碳约束下的"两国两公司"模型

本节基于跨国公司利润最大化原则构造"两国两公司"模型研究碳约束在对外直接投资中的作用。模型假设如下：

（1）假定世界上只存在一家跨国公司 m 及其母国 i，一家东道国企业 n 及东道国 j。跨国公司和东道国企业生产同质产品，跨国公司可以选择在母国生产或者在东道国建立子公司，而东道国企业只能在国内生产。企业各自做出产量决策，其中任何一家企业都没有先行优势。

（2）假设两国有不同的国内需求函数，分别为 $P_i = A_i - B_i Q_i$，$P_j = A_j - B_j Q_j$。东道国企业的成本函数为 $TC_j^n = F_j^n + c_j^n q_j^n$。其中，$F_j^n$、$c_j^n$、$q_j^n$ 分别为东道国企业 n 在国内生产的固定成本、可变成本和产量。跨国公司的成本函数为

$TC_i^m = F_i^m + c_i^m q_i^m$，$TC_j^m = F_j^m + c_j^m q_j^m$。其中，$TC_i^m$ 为跨国公司 m 在母国 i 生产的成本，TC_j^m 为跨国公司在东道国 j 生产的成本。

（3）相对于在国内，跨国公司受到低碳约束的障碍，以致跨国公司在国外生产的成本相对于国内生产要高。假设其与清洁技术差距有关，函数表达形式为 $F_j^m = F_i^m + \rho D$，其中 D 东道国的碳税，ρ 为跨国公司在东道国的碳排放量，$\rho > 0$。接下来，本节将探讨碳税对对外投资的影响。

根据上文构造的"两国两公司"模型，东道国企业 n 在国内生产，在国家 i 销售的利润为：$v_h^n = [A_i - B_i(q_i^m + q_i^n)]q_i^n - c_j^m q_i^n - F_j^n - Dq_i^n$。跨国公司 m 在母国 i 生产并销售产品的利润为：$v_h^m = [A_i - B_i(q_i^m + q_i^n)]q_i^m - c_i^m q_i^m - F_i^m$。假设东道国拥有相对廉价的资源，即在母国生产可变成本相对在东道国生产要高，$c_i^m > c_j^m$；若跨国公司为寻求相对廉价的资源，选择在东道国 j 建立子公司并生产，将产品运送回母国 i 进行销售，其利润为：$v_{ODI}^m = [A_i - B_i(q_i^m + q_i^n)]q_i^m - c_j^m q_i^m - F_i^m - \rho D - Dq_i^m$。根据跨国公司进行投资的利润最大化原则对以上方程求解，结果如下：

若跨国公司选择在国内生产，可得：

$$q_{h,i}^n = \frac{A_i - 2c_j^n + c_i^m - 2D}{3B_i}, q_{h,i}^m = \frac{A_i + c_j^n - 2c_i^m + D}{3B_i}$$

$$v_h^n = \frac{(A_i - 2c_j^n + c_i^m - 2D)^2}{9B_i} - F_j^n, v_h^m = \frac{(A_i + c_j^n - 2c_i^m + D)^2}{9B_i} - F_i^m$$

若跨国公司选择在东道国建立子公司，可得：

$$q_{ODI,i}^n = \frac{A_i - 2c_j^n + c_i^m - D}{3B_i}, q_{ODI,i}^m = \frac{A_i + c_j^n - 2c_j^m - D}{3B_i}$$

$$v_{ODI}^n = \frac{(A_i - 2c_j^n + c_i^m - D)^2}{9B_i} - F_j^n, v_{ODI}^m = \frac{(A_i + c_j^n - 2c_j^m - D)^2}{9B_i} - F_i^m - \rho D$$

跨国公司在东道国生产与在母国生产的利润比较：

$$\Delta v = v_{FDI}^m - v_h^m = \frac{(A_i + c_j^n - 2c_j^m - D)^2 - (A_j + c_j^n - 2c_i^m + D)^2}{9B_j} - \rho D \quad (4.1)$$

$$\frac{\partial \Delta v}{\partial D} = \frac{-2(A_i + c_j^n - 2c_j^m - D) - 2(A_j + c_j^n - 2c_i^m + D)}{9B_j} - \rho \quad (4.2)$$

由 $q_{ODI,i}^m = \dfrac{A_i + c_j^n - 2c_i^m - D}{3B_i} \geq 0$, $q_{h,i}^m = \dfrac{A_i + c_j^n - 2c_i^m + D}{3B_i} \geq 0$, 易得 $\dfrac{\partial \Delta v}{\partial D} < 0$。

可以发现, 碳约束下的跨国投资能否开展取决于其获得东道国特定资源的收益与碳税导致的成本增加额的比较。

4.2 碳交易市场下的低碳生产模型

那么, 企业的收益是否能弥补生产成本与碳税支出呢? 本节将通过引入碳交易市场, 建立数理推导模型从机会成本的角度论证企业实现低碳清洁化生产的可能性。

4.2.1 模型假设

根据波特的理论, 企业进行清洁生产可获得"创新补偿"优势。在碳约束下, 跨国企业也可以通过使用清洁原材料和能源、改进产品设计、改进生产技术、改善组织管理、提高能源利用效率等措施, 减少生产过程中的碳排放并获得"创新补偿"优势。接下来, 我们通过建立一个国际市场上双寡头的博弈模型进行分析: 假设该市场中存在两个生产无差异产品的寡头跨国企业, 即企业 1 与企业 2, 两家企业生产的边际成本均为 C, 产量分别为 q_1, q_2, 且 $q_1 + q_2 = Q$。两家企业面临线形需求曲线, 其逆需求函数为 $p = a - bQ$, 其中 Q 为产品的市场需求, p 为产品价格, a、b 均大于零。在给定其他企业的策略选择后, 每家企业做出自己的利润最大化决策。

同时假定政府制定的规制政策为排碳配额与碳交易相结合的制度, 即政府向各企业分发"排碳配额", 一个配额为 1 吨的二氧化碳排放量。若在期限内, 该跨国企业未使用完其配额, 则可通过碳交易所"出售"; 若企业碳排放量超出了其允许的配额, 就必须从没有用完配额的企业手中购买。假设碳交易市场为完全竞争市场, 单个企业无法影响碳资产的价格, 只能接受市场既定的碳交易价格 P_t, 每个企业所获得的初始碳配额为 $\ddot{E}_i$, 总碳配额为 $\ddot{E} = \ddot{E}_1 + \ddot{E}_2$。

由于企业在生产过程中会排放一定量的二氧化碳, 假设企业的碳排放量与企业的产出成正比, 即 $E_i = rq_i$, $i = 1$, 2, 其中 E_i 为企业的碳排放量, r 为碳排放量与产出间的比例关系, r 通常取决于企业的技术水平。企业减少碳排放量可通过减少产量或采取碳减排措施两种方式。通过采取碳减排措施, 如采用节能减排设施, 改进产生工序, 发展低碳技术等, 以减少碳排放量。设 $A_i =$

a_iq_i，其中 A_i 为企业的碳减排量，a_i 为碳减排量占企业产量的比例。企业的碳减排成本函数为：$C_i = \beta_i A_i^2$，接下来，本节进一步分析单个跨国企业采取碳减排措施时企业的各项指标。

4.2.2　初始条件下企业均衡分析

给定二氧化碳配额约束后，在企业的产量约束下，企业对二氧化碳排放权的需求量为 $E_i - A_i - \ddot{E}_t$，为满足此部分二氧化碳排放的需求量，企业需从碳交易市场上购买。此时企业利润最大化问题为：

$$Max_{q_i,a_i}\prod_i = pq - cq_i - \beta_i(a_iq_i)^2 - p_t(E_i - A_i - \ddot{E}_t)$$

根据企业的碳排放情况可进一步得到下式：

$$Max_{q_i,a_i}\prod_i = pq_i - cq_i - \beta_i(a_iq_i)^2 - p_t(rq_i - a_iq_i - \ddot{E}_t) \quad (4.3)$$

企业通过选择产量 q_i 与碳减排量 a_i 来实现利润最大化，企业 i 的反应函数在库诺双寡头垄断情况下为：

$$q_i = \frac{a - c - rp_t}{2b} - \frac{q_j}{2} \quad (4.4)$$

因两企业完全对称，则有 $q_i = q_j$。代入式（4.4）得：

$$q_i = q_j = \frac{a - c - rp_t}{3b}$$

将利润函数对 a_i 求导可得企业最优碳减排比例为：

$$a_i = \frac{p_t}{2\beta_iq_i}$$

则企业最优的碳减排量为：

$$A_i = a_iq_i = \frac{p_t}{2\beta_i}$$

此时，产品价格为：

$$p = a - bQ = \frac{a + 2c + 2rp_t}{3}$$

从而，寡头企业最大化利润为：

$$\prod_i = \frac{(a - c - rp_t)^2}{9b} + \frac{p_t^2}{4\beta_i} + p_i\ddot{E}_i \qquad (4.5)$$

从上述结论可知，跨国公司的利润产品定价及最大化产量水平取决于碳交易价格、技术状况、企业的成本及市场需求；企业的碳减排量主要取决于企业碳减排成本及市场碳交易价格。企业的利润则取决于企业初始获得的碳配额、碳减排成本、碳交易市场价格、技术状况、市场需求等因素。

4.2.3 跨国企业低碳技术研发后的均衡

设 β_2' 为企业 2 实现低碳技术创新后的碳减排成本占碳减排总量的比例，r' 为企业 2 实现低碳技术创新后的碳排放与产出间的比例，假设企业低碳技术研发成功的概率为 γ。则企业的利润最大化决策函数会相应发生改变，企业 2 的最大化利润函数为：

$$\begin{aligned}
\text{Max}_{q_i, a_i} \prod_2 &= (1 - \gamma)\big[pq_2 - cq_2 - \beta_2(A_2)^2 - p_t'(E_2 - A_2 - \ddot{E}_2') - C_R\big] \\
&\quad + \gamma\big[pq_2 - cq_2 - \beta_2'(A_2) - p_t'(E_2 - A_2' - \ddot{E}_2') - C_R\big] \\
&= (1 - r)\big[pq_2 - cq_2 - \beta_2(a_2q_2)^2 - p_t'(rq_2 - a_2q_2 - \ddot{E}_2')\big] \\
&\quad + \gamma\big[pq_2 - cq_2 - \beta_2'(a_2q_2) - p_t'(r'q_2 - a_2'q_2 - \ddot{E}_2') - C_R\big]
\end{aligned}$$

$$(4.6)$$

对式（4.6）求解，得两寡头企业的产量水平分别为：

$$q_1 = \frac{a - c - 2rp' + (\gamma r' + (1 - \gamma)r)p'}{3b} \qquad (4.7)$$

$$q_2 = \frac{a - c - 2(\gamma r' + (1 - \gamma)r)p'}{3b} \qquad (4.8)$$

两寡头企业的碳减排量分别为：

$$A_1 = \frac{p'}{2\beta_1}$$

$$A_2 = \frac{p'}{2(\gamma\beta_2' + (1 - \gamma)\beta_2)}$$

两企业的利润分别为：

$$\Pi_1 = \frac{(a - c - 2rp_t' + (1 - \gamma)rp_t')^2}{9b} + \frac{(p_t')^2}{4\beta_1} + p_t'\ddot{E}_t' \qquad (4.9)$$

$$\Pi_2 = \frac{(a - c - 2(\gamma r' + (1 - \gamma)r)p_t' + rp_t')^2}{9b}$$
$$+ \frac{(p_t')^2}{4(\gamma\beta_2' + (1 - \gamma)\beta_2)} + p_t'\ddot{E}_i' - C_R \qquad (4.10)$$

4.2.4　经济绩效和环境绩效比较

4.2.4.1　产量的比较

比较两个企业的产量 q_1，q_2，可知只要当从事低碳技术创新后的碳减排比率的期望值小于未从事低碳技术创新前的碳排放比率，即 $\gamma r' + (1 - \gamma)r < r$，则 $q_2 > q_1$，此时进行低碳技术创新的企业 2 的市场份额就会高于不进行低碳技术创新的企业 1。由此可得：

推论 4 - 1：在碳减排约束下，企业进行低碳技术研发，可获得市场中的竞争优势。

4.2.4.2　利润的比较

从两企业的利润比较可见，当：$\dfrac{(p_t')^2}{4(\gamma\beta_2' + (1 - \gamma)\beta_2)} - C_R > \dfrac{P_t'}{4\beta_1}$ 成立，

即 $C_R < \dfrac{(p_t')^2}{4(\gamma\beta_2' + (1 - \gamma)\beta_2)} - \dfrac{P_t'}{4\beta_1}$，就存在 $\Pi_2 > \Pi_1$，即进行低碳技术创新的企业获得更高的利润取决于碳规制变量（碳交易价格）、低碳技术研发成功的概率及碳减排成本系数。可见，碳约束的实施提高了企业碳排放的机会成本，致使企业有可能通过碳约束获取更高的利润。因此，单轨制化的碳约束是保证企业获得更高利润的必要条件。由此可得：

推论 4 - 2：在碳约束下，进行低碳技术研发的跨国企业有可能比不进行低碳技术研发的企业获得更高的利润。

4.2.4.3　碳减排量的比较

企业 2 在进行低碳技术研发后，碳减排量还取决于低碳技术研发成功的概

率 γ 值的高低，进行低碳技术研发后的企业 2 的碳减排量为：

$$A_2 = \frac{p'_t}{2(\gamma\beta'_2 + (1-\gamma)\beta_2)} = \frac{p'_t}{2(\beta'_2 - \beta_2)\gamma + 2\beta_2} \quad (4.11)$$

依据假设低碳技术下的二氧化碳减排成本系数应小于原有技术下的二氧化碳减排成本系数，即 $\beta'_2 < \beta_2$；且企业低碳技术研发成功的概率越高，企业二氧化碳减排量就越高，即企业低碳技术研发成功的概率 γ 应与二氧化碳减排量 A_2 成正比。在进行低碳技术研发前，$\beta_1 = \beta_2$，比较进行低碳技术研发的企业 2 的二氧化碳减排量与企业 1 的二氧化碳减排量可得：

$$A_2 = \frac{p'_t}{2(\gamma\beta'_2 + (1-\gamma)\beta_2)} = \frac{p'_t}{2(\beta'_2 - \beta_2)\gamma + 2\beta_2} > \frac{p'_t}{2\beta_1} = A_1 \quad (4.12)$$

由此可得：

推论 4 - 3：进行低碳技术研发的跨国企业的碳减排量高于不进行低碳技术研发的企业。

因此，实施碳约束，提高了企业碳交易的机会成本有利于加强企业碳减排力度；提高企业研发成功概率及减少企业碳减排成本的措施有利于激励企业采用低碳技术，从而减少企业的碳排放量。

4.3 低碳产品偏好与产品差异化策略

除了碳约束下企业碳交易的机会成本改变以外，消费市场对于清洁产品的偏好也能为企业增加收益。全球气候恶化使消费者在购买产品时会越来越关注企业的二氧化碳排放特征。波特（1995）认为，在有效的环境规制下，企业可通过先动优势与创新补偿等途径为企业创造收益，弥补企业增加的成本。在生产实践中企业可以通过产品差异化战略来实现这种收益。在效用相同时，低碳产品会受到政府或社会组织的支持和消费者的偏好，企业可据此通过实行差异化策略获取竞争优势。

本节在穆昕等（2005）产品差异化生产模型的基础上，加入二氧化碳减排约束条件，分析实行差异化战略的企业的收益。模型假设：

（1）寡头市场上，两个企业生产环境质量不同的替代产品。p 为产品价格；e 表示产品生产过程中的二氧化碳排放量。企业 1 产品生产过程中的二氧化碳排放量为 e_1，价格为 p_1；企业 2 产品的二氧化碳排放量为 e_2，价格为 p_2，

且 $p_1 < p_2$，$e_1 > e_2$，则称二氧化碳排放量为 e_1 的产品为高碳排放产品，二氧化碳排放量为 e_2 的产品为低碳排放产品。

（2）企业在生产 e 二氧化碳排放量的产品时需要投入一定的固定成本，$C(e) = e^a$，其中 $a > 1$，则 $C'(e) > 0, C''(e) \geq 0$，即减少生产中的碳排放会增加企业的成本。

（3）设消费者对不同碳排放量的产品有不同偏好，消费者对低碳排放产品的偏好参数为 θ，θ 在 $[0, \Theta]$ 上均匀分布，密度为 $1/\Theta$。消费者对产品只有单位需求，消费者效用函数为 U（θ，e）$= \theta e - p$。设 θ_1 为消费者购买高碳排放产品和不购买产品的效用无差异临界值，则当 $\theta \in [0, \theta_1]$ 时，消费者不购买任何产品；θ_2 为消费者购买低碳排放和购买高碳排放产品的效用无差异临界值，当 $\theta \in [\theta_1, \theta_2]$ 时，消费者购买高碳排放产品，$\theta \in [\theta_2, \Theta]$ 时，购买低碳排放产品。

4.3.1　无低碳约束下的市场均衡

根据以上的 3 个模型假设，当 $\theta = \theta_1$ 时，消费者效用在购买高碳排放产品和不购买产品时无差异；当 $\theta = \theta_2$ 时，消费者效用在购买低碳排放和购买高碳排放产品时无差异。可得：$\theta_1 e_1 - p_1 = 0$，$\theta_2 e_1 - p_1 = \theta_2 e_2 - p_2$。

则：

$$\theta_1 = \frac{p_1}{e_1}, \theta_2 = \frac{p_2 - p_1}{e_2 - e_1} \tag{4.13}$$

据上述分析，高碳排放产品的市场需求为 $\theta_2 - \theta_1$，低碳排放产品的市场需求为 $\Theta - \theta_2$。则高碳排放产品的市场需求函数为：

$$q_1 = \frac{1}{e_2 - e_1}(p_2 e_1 - p_1 e_2) \tag{4.14}$$

低碳排放产品的市场需求函数为：

$$q_2 = \frac{1}{e_2 - e_1}[\Theta(e_2 - e_1) - (p_2 - p_1)] \tag{4.15}$$

则两寡头企业的利润函数分别为：

$$\pi_1 = \frac{p_1}{e_2 - e_1}(p_2 e_1 - p_1 e_2) - C(e_1) \tag{4.16}$$

$$\pi_2 = \frac{p_2}{e_2 - e_1}[\Theta(e_2 - e_1) - (p_2 - p_1)] - C(e_2) \qquad (4.17)$$

根据一阶条件，两种差异产品的均衡价格分别为：

$$p_1^* = \frac{\Theta(e_2 - e_1)e_1}{4e_2 - e_1}, p_2^* = \frac{2\Theta(e_2 - e_1)e_2}{4e_2 - e_1}.$$

相应的均衡产量为：

$$q_1^* = \frac{\Theta e_2}{4e_2 - e_1} \qquad (4.18)$$

则两寡头企业的净利润分别为：

$$\pi_1 = \frac{\Theta^2 e_1 e_2(e_2 - e_1)}{(4e_2 - e_1)^2} - C(e_1)$$

$$\pi_2 = \frac{4\Theta^2 e_2^2(e_2 - e_1)}{(4e_2 - e_1)^2} - C(e_2)$$

两家的企业根据利润最大化原则同时决定生产产品的碳排放量。

$$\frac{\Theta^2(4e_2^3 - 7e_1 e_2^2)}{(4e_2 - e_1)^3} - C'(e_1) = 0$$

$$\frac{\Theta^2(16e_2^3 - 12e_1 e_2^2 + 8e_1^2 e_2)}{(4e_2 - e_1)^3} - C'(e_2) = 0 \qquad (4.19)$$

令 $\lambda = \frac{e_2}{e_1}$，且 $\lambda > 1$，为生产两种产品的碳排放量差异化程度，则式 (4.19) 可化为：

$$\frac{\Theta^2 \lambda^2(4\lambda - 7)}{(4\lambda - 1)^3} = C'(e_1) \qquad (4.20)$$

$$\frac{4\Theta^2 \lambda(4\lambda^2 - 3\lambda + 2)}{(4\lambda - 1)^3} = C'(e_2) \qquad (4.21)$$

由式 (4.20) 可知，$4\lambda - 7 > 0$。

令 $A = \frac{4\Theta^2 \lambda(4\lambda^2 - 3\lambda + 2)}{(4\lambda - 1)^3}$，$B = Ae_2 - C(e_2)$，$g(e) = Ae - B$，$g(e_2) = C(e_2)$。

$$g（e_1）=\frac{4\Theta^2\lambda（4\lambda^2-3\lambda+2）}{（4\lambda-1）^3}（e_1-e_2）+C（e_2） \qquad (4.22)$$

令 $\pi=g（e_1）=\dfrac{\Theta e_1e_2（e_2-e_1）}{（4e_2-e_1）^2}-g（e_1）$，

则 $\pi>\pi_1$，将 λ，$g(e_1)$ 代入 π、π_2，得：

$$\pi_2-\pi=\frac{\Theta^2（4\lambda-1）（\lambda-1）e_2}{（4\lambda-1）^2}-\frac{4\Theta^2（4\lambda^2-3\lambda+2）（\lambda-1）e_2}{（4\lambda-1）^3}$$

$$=\frac{\Theta^2\lambda（4\lambda-7）（\lambda-1）}{（4\lambda-1）^3}$$

$$(4.23)$$

因 $\lambda>1$，$4\lambda-7>0$，得 $\pi_2-\pi>0$，则 $\pi_1<\pi_2$。可见，寡头市场中，企业生产低碳排放产品虽然会增加其边际成本，但当消费者对不同二氧化碳排放量的产品存在不同偏好时，企业的利润会随着产品差异化程度的提高而增加。

4.3.2　政府实施碳约束时的市场均衡

在碳约束下，假设政府采取征收碳税的方式对企业的生产进行管制，按企业的产量征收碳税，费率为 t，$0<t<1$，令 $\tau=1-t$。则两寡头企业的利润函数为：

$$\pi_1^*=\frac{\tau\Theta^2 e_2（\lambda-1）}{（4\lambda-1）^2}-C（e_1）$$

$$\pi_2^*=\frac{\tau\Theta^2 e_2（\lambda-1）}{（4\lambda-1）^2}-C（e_2）$$

根据一阶条件，企业依据利润最大化原则同时决定自己生产产品的碳排放量。为简化分析，取 $a=2$，则：

$$\frac{\tau\Theta^2\lambda^2（4\lambda-7）}{（4\lambda-1）^3}=2e_1 \qquad (4.24)$$

$$\frac{4\Theta^2\lambda（4\lambda^2-3\lambda+2）}{（4\lambda-1）^3}=2e_2 \qquad (4.25)$$

（1）碳约束对产品差异的影响。将式（4.24）、式（4.25）两式相除再求导可得：

$$\frac{\mathrm{d}\lambda}{\mathrm{d}\tau} = \frac{-\lambda^3 (4\lambda - 7)^2}{4 (16\lambda^3 - 24\lambda^2 + 45\lambda - 28)} \tag{4.26}$$

因 $\lambda > 1$，$4\lambda - 7 > 0$，可得 $\frac{\mathrm{d}\lambda}{\mathrm{d}\tau} < 0$，即 $\frac{\mathrm{d}\lambda}{\mathrm{d}t} > 0$。

因此，提高碳税率会增加消费者消费不同产品的效用差异化，即提高了低碳排放产品和高碳排放产品的差异程度。

（2）碳约束对企业利润的影响。将 π_1^* 对 τ 求导，并将 $\frac{\tau\Theta^2\lambda^2 (4\lambda - 7)}{(4\lambda - 1)^3} = 2e_1$ 代入得：

$$\frac{\mathrm{d}\pi_2}{\mathrm{d}\tau} = \frac{\Theta^2 (2\lambda + 1) e_2}{(4\lambda - 1)^3} \frac{\mathrm{d}\lambda}{\mathrm{d}\tau} - \frac{4\Theta^2\lambda (2\lambda + 1)}{(4\lambda - 1)^3} \frac{\mathrm{d}e_2}{\mathrm{d}\tau} \tag{4.27}$$

可得，$\frac{\mathrm{d}\pi_2}{\mathrm{d}\tau} < 0$，$\frac{\mathrm{d}\pi_2}{\mathrm{d}t} > 0$，即对高碳排放产品收费会增加生产低碳产品的企业利润。

至此，我们可以得出结论：在碳约束下，跨国企业通过低碳技术的研发，能在市场竞争中取得更大的优势，同时也减少了企业的碳排放量。这主要表现在：在垄断竞争的国际市场中，在消费者对产品环境质量具有不同偏好情况下，虽然生产低碳排放产品会增加企业成本，但是消费者消费低碳产品的效用较大，在政府不对企业进行碳约束时，企业可通过生产低碳产品来提高竞争力并取得更高的净利润；若政府对企业的生产实施碳约束，征收企业碳税，提高了低碳产品和高碳产品的差异程度，生产低碳产品的企业可获更高的利润。此时，跨国企业通过改变生产工艺、采用低碳技术等有效措施生产清洁产品是理性的。

4.4　低碳对外直接投资的社会福利

从以上的理论分析来看，低碳约束改变了企业跨国经营的机会成本，消费者市场对于低碳清洁产品的偏好为企业利润的增加奠定了基础，因此，我国对外直接投资企业在东道国积极进行减排技术创新是应对东道国低碳政策调整的有效策略。我们在此基础上，通过加入东道国的碳排放价格、减排技术创新效率等因素，实际计算跨国企业的减排收益与社会福利。

4.4.1　模型构建的理论基础

世界环境经济学认为生产技术低碳化取决于各种环境政策下，企业与社会的减排技术创新动机。庇古税是我国企业许多对外投资国的一般环境税费征收的基础理论，它是根据污染所造成的危害程度对排污者征税，用税收来弥补排污者生产的私人成本和社会成本之间的差距，使两者相等。由英国经济学家庇古（Pigou）最先提出。庇古税是解决环境问题的古典教科书的方式，属于直接环境税或从量税，其单位税额应根据一项经济活动的边际社会成本等于边际效益的均衡点来确定，这时对污染排放的税率就处于最佳水平。对于东道国为实现其社会效益最大化而实施日益严厉的低碳约束，我国对外直接投资企业应对挑战的唯一途径就是积极进行技术创新，在实现减排节能的同时取得效益最优。本节将使用一个简单的模型来分析东道国环境政策、投资企业的减排技术创新与所带来的社会与企业效益的相互作用，同时根据东道国技术溢出率以及既定排放价格来说明技术创新所带来的社会与企业收益。

我们使用较为明显的线性收益与减排的边际成本解决东道国技术创新社会福利问题，即在给定东道国技术溢出率与排放定价后，企业进行的减排技术创新所能获得的高于企业收益的额外社会收益。我们认为因为在向企业征收排放税情况下，企业减排量将取决于减排成本变化，如果东道国的环境政策约束不是设定减排数量目标，那么企业减排技术创新的企业与社会收益的差异将为东道国减排技术溢出效应。

假设对外投资企业减排量为 A，可产生不变边际收益 B，则减排成本 C 为：

$$C(A) = \frac{k(1-r)}{2}A^2 \tag{4.28}$$

其中，k 为边际减排成本曲线的初始斜率，r 为潜在减排成本递减率。令 P 表示企业所支付的排放费用价格或指企业减排的价值。如果投资企业在东道国为所有排放所支付价格为 M，F 为企业在东道国所分得的排放许可证（即企业可免费排放的量）或是东道国环境税的起征点，那么对外直接投资企业在东道国的实际的减排任务应为 M−F，但应比企业实际减排量少。假设企业排放价格不变，企业可实现效益最大化的减排水平是（设投资企业减排的效益为 π）：

$$\pi = pA - \frac{k(1-r)}{2}A^2 - P(M-F) \qquad (4.29)$$

其中，A 应为：

$$A = \frac{p}{k(1-r)} \qquad (4.30)$$

那么：

$$\pi = \frac{p^2}{2k(1-r)} + p(M-F) \qquad (4.31)$$

假设对外投资企业通过技术创新减低减排成本而获得的收益为 $1-\theta$，此处 θ 为东道国的技术溢出率。因此，企业因提高 r 而获得的收益增加可表示为：

$$\frac{\partial \pi}{\partial r} = \frac{(1-\theta)p^2}{2k(1-r)^2} \qquad (4.32)$$

投资企业的减排行为所产生的社会福利为：

$$SW = BA - \frac{k(1-r)}{2}A^2 = \frac{p(2B-p)}{2k(1-r)} \qquad (4.33)$$

则因减排成本降低而引起的社会福利变化可表示为：

$$\frac{\partial SW}{\partial r} = \frac{p(2B-p)}{2k(1-r)^2} \qquad (4.34)$$

令 $P = \varphi \times B$，此处 φ 为在排放市场价格中的边际效率损失比率。我们用社会福利 T 来表示因企业减排成本降低而产生的社会效益与企业效益的差：

$$T = \frac{\partial SW}{\partial r} - \frac{\partial \pi}{\partial r} = \varphi[2 - \varphi(2-\theta)]L^* \qquad (4.35)$$

其中，$L^* = \frac{B^2}{2k(1-r)^2}$ 是指在庇古税水平下因额外降低的减排成本而获得的社会收益。当边际成本与收益曲线的斜率是投资企业减排技术创新边际收益的主要决定因素时，那么社会福利将只由企业排放定价与技术溢出效应决定。

从图 4－1 中可以看出，企业为减排而进行的技术创新的边际社会效益包括企业收益（其中包含技术溢出）以及边际收益与减排价格的差与降低成本一起发生的额外减排量的乘积。

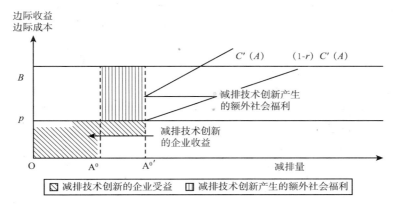

图 4-1 对外投资企业通过技术创新降低减排成本的收益

4.4.2 减排收益与社会福利

在图 4-2 中，我们探讨的是如何使社会福利（当企业的外部边际成本可以完全内化时可表示为技术创新边际社会收益）可以随以价格反映的边际效率损失以及技术溢出率的变化而变化。

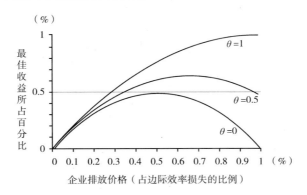

图 4-2 减排成本减少而获得的社会福利

注：θ 为东道国的技术溢出率。

当对外投资企业可以获得研发所有回报时（即 θ=0 时），社会福利收益呈现出反"U"字形。逻辑上，如果企业排放完全不收费，那么就无须进行任何技术创新，所以不必进行减排技术创新投资，但如果企业排放都是完全计费的，那么企业有足够的动机进行减排技术创新投资，则不会有社会福利存在。相应的，当企业排放价格与均衡庇古税水平相差很远或很近时，社会福利将很小，但是当企业排放价格正好是边际效率损失的一半时，社会福利将实现最大化。

但是，对外投资企业在东道国可得到完全技术溢出效应（即 $\theta = 1$）时，企业无须进行技术创新，那么减排成本减少而产生的社会效益将与排放价格（处于均衡庇古税率水平以上）一起单调递增。同时，如果 1/3 的边际效率损失可以定价，那么减少成本而产生的边际收益至少为完全排放价格的一半。

在中间情况下（即 $\theta = 0.5$），假设减排成本减少所获得收益中的一半由企业获得。在任何情况下，如果对企业收取的排放价格过低，由减少减排成本而产生的社会福利会很少，但是一旦 1/3 的边际效率损失被定价，那么在均衡庇古税率水平之下社会福利将达到总收益的一半以上。

因此，如果技术溢出可以反映一半或以上的技术创新价值，那么在均衡庇古税率水平之下，只要至少 1/3 的边际效率损失以企业排放价格的形式体现，技术创新所产生的社会福利将超过总收益的一半。另外，如果少于 30% 的边际效率损失可被内部化，那么技术创新产生的社会福利将总是低于 1/2 庇古税所得。

这些关于次优排放定价政策下减排技术创新的社会收益分析是建立在东道国政府不愿所有污染的社会成本完全由排放企业承担的假设之上的。同时我们还需要分析东道国环境政策可能对企业减排成本变化的反应，以及在东道国不同的政策调整机制下企业的减排技术创新的动机变化。因 $F = M - A$，此时企业无须支付排放价格，通过技术创新对外投资企业在排放许可证范围内的获得的企业收益为：

$$\pi^F = -\frac{k\ (1-r)}{2}A^2 = \frac{-p^2}{2k\ (1-r)} \tag{4.36}$$

令 P_0 为起始排放许可证价格，那么起始收益可定义为 $\pi^F = \frac{-P^0}{2k}$。当企业进行技术创新使减排成本降低时，东道国将提高对企业减排的要求，调整其对企业收费来保证社会收益不变，即 $\pi^F = \pi_0^F$。

所调整的排放定价为：

$$\tilde{p} = p^0 \sqrt{1-r} \tag{4.37}$$

这表示企业的排放定价也随着企业减排成本的下降而下降。

价格调整后的社会福利为:

$$\overline{SW} = \frac{Bp^0}{k\ \sqrt{1-r}} - \frac{(p^0)^2}{2k} \tag{4.38}$$

那么成本下降的收益为:

$$\frac{\partial \overline{SW}}{\partial r} = \frac{Bp^0}{2k(1-r)^{\frac{3}{2}}} \tag{4.39}$$

如果企业认为减排成本减少会导致环境政策做出相应调整,那么它将不会进行减排技术创新,所以社会福利将等于从成本减少中获得的边际社会福利。那么:

$$\frac{\partial \overline{SW}}{\partial r} = \varphi L^* \sqrt{(1-r)} \tag{4.40}$$

此处 $\varphi = \dfrac{p^0}{B}$,在这种情况下,企业技术创新的社会收益是排放价格的线性函数,当企业进行更多的技术创新时,曲线斜率会下降。达到收益最高点时,并在成本降低之前,社会福利与图 4 - 2 中一致,即完全技术溢出并无内生性政策影响。事实上,当技术溢出率 $\theta = 1$ 时,存在政策调整时的成本降低的社会收益总比没有时的社会收益小。可表示为:

$$\frac{\partial \overline{SW}}{\partial r} - \frac{\partial SW}{\partial r} = (\sqrt{1-r} - 2 + \varphi)\varphi L^* < 0 \tag{4.41}$$

因为东道国环境政策调整,企业排放许可证的价格下降,那么企业技术创新减排的收益将比价格不变时的收益要低,从另一个角度理解就是当成本不变时,企业减少减排成本没有社会收益,企业增加减排成本才有社会收益。

无技术溢出效应时($\theta = 0$)社会福利为:

$$\frac{\partial \overline{SW}}{\partial r} - T = [\sqrt{1-r} - 2(1-\varphi)]\varphi L^* \tag{4.42}$$

当 $\varphi < \dfrac{1}{2}$ 时,内生式环境政策下的社会福利比外生式环境政策少,但是如

果排放定价足够高时，社会福利也可能提高。也就是说，当价格不变时，降低成本将促进减排水平的提高，所以在外生式环境政策下，更多的技术创新将导致社会福利的提高与增加。从模型的推导分析来看，碳污染交易通过典型的经济手段和市场机制促进企业的技术创新。企业减排的真正成本决定了企业从降低减排成本获得收益的大小，而企业减排投资的真正回报则取决于东道国排放价格的高低以及企业可以获得的技术创新收益与吸收技术溢出的份额。

从现实情况来看，跨国公司发展海外低碳领域的直接投资既符合东道国清洁产业发展的方向，又符合跨国公司本身的战略需要。低碳约束已经得到全球的普遍认可，其内涵已经深入发达国家的产业链。这种商业环境为我国通过对外投资介入发达国家的清洁化产业发展提供了机会。发达国家清洁技术资源比较丰富，而且基础性理论向应用性理论转化的成功率明显高于其他国家。在碳市场机制下，这些资源按照利润最大化规律流动，为我国企业提供了较好的获取与吸收机会。通过向清洁技术优势国开展对外投资，以国内相关技术入股，可以介入核心低碳技术的研发体系或者介入国际上比较有代表性的、对国内可持续发展和产业结构调整有帮助的项目。这样，我国就可以主动投入到低碳技术研发全球一体化中，从技术的源头掌握第一手低碳技术信息与技术知识，向国内进行传输和扩散，在国内国际两个市场获得收益。对东道国来说，引进低碳领域的外资，除了普通外资通常能带来的一揽子好处外，还可以加快东道国向低碳经济转型和改善国内环境等目标，实现环境效益和社会福利的增长。

第5章 低碳经济背景下我国对外直接投资转型的动力机制

基于前面章节的理论分析，本章将从客体动力、主体动力两个层面进一步剖析我国对外投资转型的动力机制。客体动力指的是气候政策趋势对我国传统对外投资模式的冲击。在争夺未来清洁技术市场的动机下，清洁技术优势国试图改变《京都议定书》下"共同但有区别"的双轨制减排原则，转而施行单轨制减排原则，迫使发展中国家承担刚性减排义务，这将对我国现有的对外投资模式产生巨大冲击。主体动力则体现在我国开展新型对外投资的潜在收益及国内碳减排的内在要求上，一方面，低碳经济背景下我国开展新型对外投资可获取低碳技术、避开碳关税壁垒以及获取创新补偿的潜在收益；另一方面，我国国内情况不容乐观，在考虑了对外直接投资、产业结构、贸易、外商直接投资等因素的基础上，通过对国内碳库兹涅茨曲线（CKC）的估计表明解决当下我国经济增长与碳减排目标冲突的出路之一在于利用对外直接投资渠道发展低碳经济抢占产业制高点。

5.1 客体动力：国际气候政策博弈

5.1.1 气候政策博弈的理论基础

气候政策博弈涉及规制者的控制行为以及优势企业、劣势企业的行为策略。经典规制控制理论认为，产业是规制的需求方，规制满足了产业对规制的需要，而立法者最终会被产业所控制。对该理论贡献最大的学者是斯蒂格勒，其1971年发表的《经济规制论》首次利用基本经济学原理和方法阐述了规制的来源。他认为，规制是经济系统的一个内生变量，规制产生的内在动力源自社会学家以及政治家的规制供应与产业对规制的需求，以求达到规制市场的均衡，实现双方利益最大化。同时，规制控制理论强调了规制不完全是良性的，它不一定是政府对产业或民众需要的良性反馈，也可能成为部分企业利用政府权力谋取私利的一种工具，实现集团利益与欲望的产物。规制的供给满足产业的需求，规制机构开始依赖于产业，这就是规制控制理论的核心。简而言之，规制方案的设计与规制机构的存在都服务于产业，规制提高了产业利润，也可能提高社会福利。

"规制控制"理论较好地解释了规制产生与经济的关系，其基本思想也可以应用于对环境规制的分析。正如理论所描述的，规制的产生实际上是一种特殊的商品市场均衡状态，是各方利益交织相互博弈的结果。

根据前面理论的阐述，规制控制下的每个参与方都等同于理性经济人，其行为直接或间接影响了环境规制的制定。由于各方利益的差异性，多方合力的结果是形成一个经济主体共同的行为约束准则达到相对静止的均衡状态。然而，在合力形成的过程中，规制制定者也会考虑到环境治理优势方与环境治理劣势方的差距，因此采取差异化的弹性规制制度。污染治理优势企业的治理成本较低，对环境规制负担的承受能力较高。相反，污染治理劣势企业的治理费用高，对环境规制负担的承受力也相对较弱。这决定了在弹性化的环境规制条件，规制者设计出共同但有区别的规制方案：污染治理优势者面临进一步单轨制的污染管理；污染治理劣势者适当放松管理标准。然而，优势企业存在强有力的动力和影响力与环境规制制定者博弈，通过游说甚至寻租等方式迫使环境规制向更单轨制的标准看齐。

以美国废品填埋事件为例，事件的过程充分显示了规制控制理论下弹性制度向刚性制度转变的证据。废品的回收与管理是环保产业的一个重要项目，其管理与运行的状态与政府的环境规制准则密切相关。当废品填埋的标准严苛时，废品回收产业就会有更好的产业发展远景。但环境规制的立法给企业所带来的影响是有差异的。各个企业在资金、技术与规模方面的能力不均衡，致使他们对环境规制负担的承受力也不同。1990 年，美国政府宣布在一定时间内逐步提高废品填埋的环境标准。如果此标准正式实施，将在极大程度上威胁到小型企业的生存空间。政府考虑到这部分企业的弱势地位，不得不不断推迟正式实施该标准的日程表，暂时采用原有标准并鼓励优势企业自愿提高其填埋标准。然而，这种弹性的规制令大型企业极为不满，最终几个行业巨头联合在一起游说政府机构尽快提高废品掩埋标准。他们花费巨资更新污染处理设备，而小企业无能力采购这些设备满足严苛的掩埋标准，最终被淘汰出市场。博弈的结果就是，高标准的实施迫使劣势企业退出市场竞争，大型企业利用资金与技术方面的优势占得更多市场份额。而最终美国 1991 年颁布了《城市固体废物填埋场标准》，制定了填埋场设计、运营和管理最基本的国家控制标准。这一措施大大提高了填埋场的安全性，增强公众对填埋场作为固体废弃物管理系统的重要组成部分的信心。《城市固体废物填埋场标准》的内容主要分为 6 大部分，即选址、运营、设计、地下水监测及保护措施、关闭时及关闭后照管、财政保证。这些技术规范对于我国的城市垃圾、填埋场的建设和管理有一定的借鉴意义。

5.1.2　模型设定

碳公约下，各方的实力不对称是普遍存在的问题。碳污染治理优势方掌握着碳减排的重要技术和信息，在评估和治理碳污染的成本与收益上具有相对优势，此类企业则通常被认为具有特定资产。优势企业通常在碳公约条件下的博弈中显得更为精明，处于一种并不对等的先发地位。因此，除非各方的减排技术与实力比较均衡，否则优势方会凭借该优势并且根据自己的利益，触发先占性策略行为，从而巩固或强化自己的优势地位，致使对手长期处于被动。

由于优势企业与劣势企业在碳减排实力上的不对称，前者又占据一定优势的，因此，从这一点出发，可以建立一个实力非均衡条件下碳减排企业的两阶段动态博弈模型，以此说明优势企业的先占性策略行为以及对劣势企业的影响。我们假设模型：

（1）博弈起点：对劣势方、优势方而言，碳污染治理的收益函数是完全信息，但劣势方与优势方不了解对方的减排成本函数，也不能预期双方在碳减排条件下的策略反应。

（2）市场中存在一个公共的碳减排约束和两个同质的碳减排企业，一个拥有先进的减排技术，治理碳污染的成本低，另一个则为减排技术劣势方，减排的成本高，企业在古诺模型的框架下竞争，不存在串谋行为。

（3）企业对碳公约的规则信息充分了解，两个企业分别进行两个阶段的行动应对碳减排，同时两个企业在预期第一阶段行为对第二阶段影响的基础上，做出第一阶段的最优策略反应。

（4）最后企业进行两阶段动态博弈：第一阶段，劣势企业根据弹性碳公约条件下对发达国家二氧化碳排放征收的税额决定其减排量，使得此阶段的边际成本等于预期边际收益；第二阶段，根据该弹性碳公约条例以及劣势第一阶段企业采取的决策，优势企业会使企业新预期的边际成本等于边际收益等。

5.1.3　碳约束公约下的优势企业博弈策略

企业在 t 时的二氧化碳排放总排放量为 W_t^i，自然条件下企业意愿的减排

量为 V_t^i，其中 i（i = 1，2）表示企业 1 与企业 2。t（t = 1，2）表示博弈的两个阶段。企业减排的成本函数为 $C^i(V_t^i，\theta)$，其中 θ 为企业 1 与企业 2 各自的随机变量 ϕ 的真实值，这一参数值是非完全信息，只有各自企业内部知道。这里，假设企业边际减排的难度越来越大，即减排函数是增函数，且为凸函数，也就是说 $C_v^i(V_t^i，\theta) > 0$，$C_{vv}^i(V_t^i，\theta) > 0$。同时假设企业减排成本与边际减排成本都随着 θ 值的降低而降低，提高而提高，其数理语言表达为 $C_{\theta v}^i(V_t^i，\theta) > 0$，$C_\theta^i(V_t^i，\theta) > 0$。总的减排成本函数为：$C^i(V_t^i，\theta) = C(V_t^1 + V_t^2，\theta)$。并且，《京都议定书》公约下规制者预期的发达国家企业边际减排成本函数为 $E[C_v(V_t，\phi)]$。t 时期的减排收益为 $R(V_t^i)$，并且这里认为减排的边际收益是增函数，但增长幅度随减排量递减，其数理表达为 $R_v(V_t^i) > 0$，$R_{vv}(V_t^i) < 0$。第一阶段，碳公约下规制者制定了发达国家碳税为 P_1，在边际收益足够弥补边际排放总成本的情况下，即当：

$$P_1 = R'(V_t^i) = E[C_v(V_t，\phi)] \tag{5.1}$$

企业根据既定的碳税制定其最优的二氧化碳减排量 V_1，这里，碳公约下企业选择最佳碳排放量的原则是碳等于边际减排成本下的最优情况，即 $P_1 = R'(V_t^i) = E[C_v(V_t，\phi)]$，所以碳税也等于该产业总的边际减排成本，即 $P_1 = C_v(V_1，\theta)$。

据此，弹性碳公约下，规制者认为发达国家随机变量 ϕ 的真实值是 θ。然后制定下一阶段的碳税为 P_2，$P_2 = F(V_1/P_1)$，使得此时的边际成本等于边际收益，也等于碳税，即 $R(V_2) = C_v(V_2\theta_r) = F(V_1/P_1)$。

其中，$F'(V_1/P_1) = \dfrac{\partial P_2}{\partial V_1} = \dfrac{\partial P_2}{\partial V_2}\dfrac{\partial V_2}{\partial \theta_r}\dfrac{\partial \theta_r}{\partial V_1}$。

在第一阶段，弹性碳公约下企业的减排原则为：$P_1 = C_v(V_1，\theta_r)$。等式两边进行全微分后 $C_{vv}(V_1，\theta_r)dV_1 + C_{\theta v}(V_1，\theta_r)d\theta_r = 0$，即 $\dfrac{d\theta_r}{dV_1} = -\dfrac{C_{vv}(V_1，\theta_r)}{C_{\theta v}(V_1，\theta_r)}$。这里的含义是，在弹性碳公约下对发达国家的约束越严苛，该国企业的碳减排压力越大。在第二阶段，规制者希望发达国家的减排量满足 $R(V_2) = C_v(V_2，\theta_r)$，同样进行全微分，得出 $C_{vv}(V_2，\theta_r)dV_2 + C_{\theta v}(V_2，\theta_r)d\theta_r = R''(V_2)dV_2$，可转换为：

$$\frac{d\theta_r}{dV_2} = \frac{(V_2，\theta_r)d\theta_r}{R''(V_2) - C_{vv}(V_2，\theta_r)dV_2} < 0 \tag{5.2}$$

由式（5.2）可知，弹性碳约束条件下发达国家优势企业的减排压力大并且减排成本较低，该类企业的边际成本和边际收益相对于劣势企业会在更高的水平上达到均衡。根据规制者的原则，其条约会选择将碳税制定在与边际收益相等的水平上，即 $p_2 = R'(V_2)$，进而可得 $\dfrac{dp_2}{dV} = R''(V_2) < 0$。

根据以上的推导结果发现，$F'(V_1/P_1) < 0$。即相比在第一阶段，优势企业在第二阶段弹性碳公约模式下，会放弃原有的保守性碳减排策略转而采取积极的进攻性策略，一方面积极增加碳减排量，另一方面诱使规制方采用刚性的碳公约模式，逼迫劣势企业的大幅增加责任减排量。产生这样结果的根本原因是优势企业在减排利润与成本上与劣势企业存在较大差异。在这个 Moldina 两阶段动态博弈模型中，充分反映了在二氧化碳减排上具有比较优势的企业正在瓦解传统利益格局。

类似的，在全球应对气候变化的大环境下，节能减排政策已成为承载政治、经济、环境三大要素为一体的各国综合博弈策略。碳减排技术优势国家一方面可以通过对外直接投资、贸易等渠道转移碳污染，另一方面通过如清洁发展机制等市场化手段增加碳减排的信用额度、提高其减排收益。更进一步，运用进攻性的威慑战略推动碳公约模式转型。从《京都议定书》到《丹麦议案》的规划可以看出碳减排技术优势方无疑是推动全球气候政策转型的一个重要力量。具有低碳技术比较优势的发达国家试图废除"共同但有区别的责任"的双轨制减排政策，实行强制减排的单轨制原则，继而在气候谈判中不断施加碳减排压力，同时逐步提高相关的碳标准。而碳减排势必将在很大程度上影响传统的国际投资模式和贸易模式，简言之"减排技术劣势接受优势国的对外投资"。此外，低碳全球化也将通过碳减排的贸易模式，使得南北收入差距不是走向收敛，而是进一步发散，这是由于对国家间货物和服务贸易的发展以及资本和低碳技术的流动所造成的。以美国为例，美国是世界上最大的贸易逆差国，进口产品结构以低附加值、对石油与化石燃料高依赖的工业产品，而出口产品的结构则是以高科技产品以及金融服务为主。虽然美国长期处于贸易逆差，但其服务贸易长期是顺差的。如果实施强制性的碳约束公约，将使发展中国家的出口商品在美国失去竞争力。

5.1.4　碳约束公约下的劣势企业博弈策略

在我国高耗能的经济增长模式没有根本转变的现状下，企业生产工艺落后，碳减排技术水平普遍偏低。低碳技术水平低导致企业不但碳污染严重，而且难以通过自主研发缓解污染。加之中国的新能源开发尚不具备规模，这种情况下这些企业只能选择生产末端治理模式。但这种模式下的碳污染减排将提高企业在产出和收益不变时的投入，很大程度上提高了企业的生产成本，可能导致企业因亏损而退出市场，如图 5 - 1 所示。

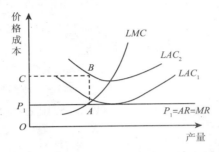

图 5 - 1　生产末端模式下的成本与收益

首先，我们分析弹性碳约束条件下企业的市场均衡。由于假设所处市场结构接近完全竞争，单个企业通常是市场价格的被动接受者而非价格决定方。在此假设条件下，企业处于完全竞争市场，在缺乏刚性碳公约条件下处于长期均衡状态。如图 5 - 1 所示，当刚性碳公约迫使劣势企业投资于减排设施的建设或支付碳税时，企业的长期平均成本将上升，如图中的 LAC_1 曲线上移至 LAC_2 曲线位置。由于市场价格维持不变，于是企业处在亏损状态，亏损额度为面积 $ABCP_1$。低于长期均衡下的亏损企业将退出市场。我们通过建立刚性碳约束条件和碳污染企业双方参与的博弈模型来简单分析劣势企业的行为策略。碳污染企业的策略有减排和不减排两种，而碳约束有刚性和弹性两种规制。我们在这个博弈模型中进行如下假设：

（1）企业的碳排放量能够被规制方知晓，也就是碳排放量是信息透明的。

（2）企业碳减排的成本只在企业内部知晓。

设企业不减排的收益为 u，减排的费用为 c_1，刚性碳约束条件下碳税为 f，则根据假设企业在弹性碳公约下减排的总利润为 $u - c_1$，而在刚性碳公约下的收益为 $u - c_1 - f$；设规制方的总利润为 v，调查企业碳排放与减排情况的成本为 c_2，则气候政策管理方的收益为 $v - c_2$，当被检查企业没有减排时监管部门的收益为 $v - c_2 + f$。表 5 - 1 显示了博弈双方的报酬矩阵：

表 5 - 1　　　　　　　　　　　博弈报酬矩阵

气候制定方企业	弹性碳约束	刚性碳约束
减排	$u-c_1$, $v-c_2$	$u-c_1$, v
不减排	$u-c_1-f$, $v-c_2+f$	u, v

如果 $c_1>f$，那么劣势企业情愿选择不减排策略退出市场，因为此时利润为负值。如果情况相反，这时的博弈已经不是完全信息下的在纯策略纳什均衡，而转变为不完全信息博弈。我们假设有 p 的可能性企业会减排，而气候政策变为刚性的概率为 q。

5.1.5　气候政策制定方的策略选择

从根源上讲，气候政策制定方的利润将取决于两个方面：一是劣势企业的行为策略（减排与不减排）给政策制定方带来的收益大小；二是优势企业是否以寻租方式增加政策制定方的收益或游说方式增加政策制定方的制度执行成本从而降低其利润。劣势企业"不减"时的收益为 $u(1-q)+(u-c_1-f)q$，减排时的收益为 $u-c_1$。若"减排"策略是优势策略必须满足条件：$u-c_1>u(1-q)+(u-c_1-f)q$，解得：

$$q>\frac{c_1}{c_1+f}=q^*　　　　　　　　(5.3)$$

可以发现，$q^*\in[0,1]$它是政策制定方实行刚性减排策略的概率临界值，它与劣势企业的收益有关，而且与政策制定方是否支持优势企业的寻租有关。在减排成本一定的情况下，气候政策制定方实施刚性减排政策的概率与寻租金额正相关，与碳税同样正相关，也就是说，碳税越高，其实施刚性减排政策的概率越大；寻租的力度越大，实施刚性碳约束的可能性也越大，因为碳减排技术优势方会通过寻租行为给政策制定施加压力。

劣势企业的减排策略选择取决于气候政策制定方的策略。如表 5 - 1 所示，在政策制定方实施弹性减排政策的情况下，收益为 v；在刚性减排政策的情况下，收益为：$(v-c_2+f)(1-p)+(v-c_2)p$。若"减排"策略的报酬大于"不减排"策略，则有以下条件必须成立：

$$(v-c_2+f)(1-p)+(v-c_2)p>v$$

解得:
$$p < \frac{f - c_2}{f} = p^* \tag{5.4}$$

这里，$p^* \in [0, 1]$，它代表劣势企业减排的临界值，它与企业的收益和减排成本相关，与气候政策部门实施的减排政策力度也相关。劣势企业选择退出市场或者按规制减排，取决于企业的减排成本和碳税。减排成本越高，企业退出市场的可能性越高；碳税越高，企业被迫减排的可能性就越大。

而今，环境政策的氛围浓郁，美国、德国、法国、英国、丹麦、挪威等国纷纷通过政策倾斜，鼓励绿色能源技术的开发和应用，并带动出一大批相关绿色产业的蓬勃发展。在奠定各国能源安全地位的同时，更想借绿色之名，打压发展中国家的发展。而我国的经济是建立在高碳、高能基础上的，传统能源的消耗非常多。中国等一些减排技术劣势国在实施"走出去"战略的国际化过程中必须改变传统的对外直接投资模式，积极部署低碳减排技术，防止清洁技术优势方以更严苛的气候政策将我国企业挤出国际市场。

5.2 主体动力一：转型潜在收益

上述分析表明，气候政策走向趋严是我国对外投资模式转型的外部推动力，本节进一步从投资主体的角度分析投资模式转型的动力机制。气候政策趋势对我国传统对外投资模式的冲击迫使我国投资方式转变，与此同时，低碳经济背景下我国开展新型对外投资也存在收益，因为低碳经济涉及众多领域的开发与发展，为我国对外直接投资提供了新的增长点，这主要表现为以下几个方面：

5.2.1 低碳技术寻求

低碳经济目前在欧美掀起了一场新的工业革命，最先开发并掌握相关技术的国家会成为业内的主导者与领先者。因此，许多国家纷纷投入巨资研究开发低碳技术。目前全球有五十多家金融机构加入到改善全球气候变化的投资网络，围绕低碳经济，低碳产业的开发与发展，投资总额已达 13 万亿元。各国对低碳技术的研究也取得了一些突破性成果。例如，西班牙专家梅塞德斯·马罗托—巴莱尔带领英国科研小组发明了一项将二氧化碳转化为天然气的技术。这一技术可以收集高污染工业释放出来的二氧化碳，并将其储存在废弃油井、地质层等地质沉积场所，然后科学家利用一个类似植物光合作用的过程将二氧化碳转化成沼气。如果这一技术在全球范围使用，将会带来完美的能源循环。

　　与发达国家先进水平相比，我国的低碳技术还存在较大差距。从我国的情况来看，目前在实现低碳产业化目标的核心技术中，我国有 70% 的缺口，技术缺口限制了低碳经济的发展。低碳技术涉及交通、冶金、建筑、电力、化工、石化等部门，大致有三种类型：第一种是减碳技术，即高能耗、高排放领域的节能减排技术；第二种是无碳技术，指风能，核能、太阳能等可再生能源技术；第三种是去碳技术，较为典型的是二氧化碳捕获和封存（CCS）。目前我国对外低碳项目的投资主要集中在两大类：第一类就是清洁能源，包括风能、太阳能、核能、生物质能、地热能、洋流潮汐能等；第二类属于节能减排，这方面可以说更多是传统产业的升级换代，我国的节能减排技术与美国、欧洲、日本等国家有相当大的差距。从行业领域来看，我国已经初步掌握了高参数超临界机组技术、电力行业中煤电的整体煤气化联合循环发电系统（IGCC）等，但技术不太成熟，产业化还存在一定的问题。在交通领域上，短时间内我国无法在混合动力汽车、燃油经济性等相关技术达到专业化的水平。对建筑、化工、冶金等领域的节能和高效技术，在系统控制方面，我国还无法达到发达国家的水平。从新能源和可再生能源上看，尽管我国在燃料电池技术、生物质能技术等方面进步不小，但与发达国家仍有不小的差距。

　　要在短时间内实现节能减排，低碳技术的获取尤为重要。低碳技术获得有多种途径，除了依靠国内的自主创新外，还包括购买技术、与外来企业合资合作和从媒体上获得有关技术信息等多种方式。尽管信息通信技术的发展加快了知识和技术扩散的速度，降低了信息的搜寻成本，但低碳技术的获取目前受到诸多阻碍。按照《京都议定书》规定，发达国家对发展中国家提供资金和技术，在发展中国家进行减少温室气体的项目，产生的温室气体减排量转让给发达国家，即发达国家帮助发展中国家每减少一吨二氧化碳排放，其在国内相应地就可多排放一吨二氧化碳。然而由于担心转让先进技术会影响其国际竞争力，发达国家总是以各种借口拖延履行转让技术义务。从发达国家与发展中国家这几年碳交易的实施情况来看，他们之间多为碳排放权的交易，技术的输出转让却很少，在资金支援和技术转让方面，发达国家做得远远不够。从中国的实际情况来看，我国一些地区发展低碳经济、获取低碳技术的重要途径就是清洁发展机制，但是我国的清洁发展机制项目类型分布不均、涉及领域较少，对农业、林业的碳指标开发以及对先进节能减排技术的引进相对滞后，尤其在拥有巨大减排潜力并对科技进步有突出贡献的节能和提高能效类型上，清洁发展机制项目的申请数量较少，减排规模也较小。其主要问题表现在以下两方面：

第一，核心低碳技术转让不明显，清洁发展机制项目多集中于技术含量不高、难度小且减排额较大的水电项目，但是在技术含量高、减排难度大的技改升级领域却很少，已经注册了的节能和提高能耗项目低于10%，技术分解、燃料替代等项目更少，但这些项目的减排效果更加明显，并且我国的碳排放资源大量交易却没有极大促进低碳清洁技术的引进，而这些关键技术恰恰是我国目前最需要的，清洁发展机制被认为是鼓励技术转让的机制，但并没有成为联合国执行机构批准项目的硬性标准，缺乏激励机制，发达国家在核心低碳技术上主动性不够；第二，我国企业转让资金投入清洁生产积极性不足，目前，5万吨以下的清洁发展机制项目占54%，10万吨以上的占21%。5万吨以下小项目只占29%，10万吨以上的占40%，表5-2为截至2014年6月10日，国家发改委批准的全部清洁发展机制项目5058项类型分布，与其他国家相比，我国在技术转让和实现减排潜力效果并不明显，现有的清洁发展机制并不能有效确保项目的资金收益运用于进一步的技术开发和低碳技术再生产。

表5-2　　　　　批准项目估计年减排项目及减排量按减排类型分布

单位：吨二氧化碳当量 tCO_2e

减排类型		数值	减排类型		数值
节能和提高能效	项目数（个）	632	造林和再造林	项目数（个）	5
	估计年减排量	98157825		估计年减排量	157610
甲烷回收利用	项目数（个）	462	燃料替代	项目数（个）	51
	估计年减排量	81980780		估计年减排量	28334167
垃圾焚烧发电	项目数（个）	54	HFC-23分解	项目数（个）	11
	估计年减排量	8227315		估计年减排量	66798446
新能源和可再生能源	项目数（个）	3732	其他	项目数（个）	68
	估计年减排量	459387220		估计年减排量	11243941
N_2O分解消除	项目数（个）	43			
	估计年减排量	28181743			

资料来源：由国家发改委气候司清洁发展机制项目数据库系统数据整理而得。

可见，我国通过技术购买或清洁发展机制下技术转移来获取低碳技术成效并不显著，在此情况下，通过对外直接投资主动寻求低碳技术尤为重要。中国作为低碳技术的跟随者，进行对外直接投资寻求低碳技术，利于更有效的直接获得现有技术，以缩小或消除与低碳技术领导者的垂直技术差异，获得低碳技术优势。从低碳技术的特性来看，对外直接投资是获得低碳技术的有效途径。第一，在地理空间的传播中技术具有一定的距离限制，距离技术供方越近则获得的有效技术就越多，距离越远就会导致信息失真和损失越严重，低碳技术也不例外。靠近技术供方有助于寻求低碳技术的企业更好地实现技术转移和技术溢出。发达国家在低碳技术和低碳产业上更为先进成熟，因此在低碳领域存在垄断优势，欧洲、美国、日本在煤的清洁高效利用、油气资源等减碳技术，核能、太阳能、风能等无碳技术，二氧化碳捕获和封存等去碳技术领域均有垄断优势，低碳技术差异和低碳经济约束给我国对低碳领域的对外直接投资提供了动机，对低碳技术领先国的直接投资有利于靠近技术供应地，减少远距离带来的技术损失与失真，更有效的获取低碳技术；第二，技术有显性和隐性之分，显性技术知识可以编码易于复制，较易获得，但不易编码和复制的技术主要是通过干中学积累获得，具有从属于组织的根植性特点，由于不易模仿，隐性知识对企业的意义更为重要，作为新兴的低碳技术，大多不易编码与复制，具有从属于组织的根植性特点，转移难度太大，通过对外直接投资的逆向技术扩散效应使得我国跨国企业可以跟踪低碳技术的前沿信息。我国跨国企业既可以通过与当地企业技术合作实现技术转移，也可以在技术人员的工作单位转换与信息交流中获得低碳技术外溢，并利用相关信息进行模仿或者创新，对外直接投资不仅使得低碳技术发展加快，同时也使得同类企业受益于技术扩散带来的技术合作；第三，由于低碳技术市场信息不完备，低碳技术的交易难度较大且不易买到最先进的技术，这就决定了通过媒体传播和市场购买低碳技术都有很大的局限性。另外，跨国公司由于要保持技术的垄断，带来的技术未必是最先进的，且涉及核心竞争力的低碳技术，发达国家更不会转移。虽然近年来由于碳减排的压力及清洁发展机制的推动，跨国公司转移的低碳技术先进程度得到提高，但技术扩散的效果在各个行业和地区之间是不相同的。因此，对于我国来说，要想有效利用国外丰富的低碳技术资源，迅速了解低碳技术信息，培育低碳技术优势，主动出击，以对外直接投资方式寻求低碳技术就成为了主要的途径。

5.2.2　规避碳关税壁垒

碳关税是一国为达到保护本国市场、阻碍他国产品进入本国市场的目的，以保护环境、应对全球气候变化为由，对没有温室气体减排限制的国家所生产的高耗能出口产品在一般关税的基础上另外征收的一种环境税。其实质是一种广义上的技术性贸易壁垒，它是由关税的价格传导机制与技术性贸易壁垒的循环传导机制的结合而产生的，与一般技术性贸易壁垒的"数量控制—价格控制—数量控制"的循环传导机制不同（陈志友，2004）。进口国严格限制特定产品的二氧化碳排放量，高碳产品被征收环境附加税，导致进口产品价格上涨，进口量减少，这就是关税的价格传导机制；由于不符合进口国的技术标准，出口产品的出口量减少，而后大量的资本技术投入使成本上升，导致价格上涨，出口量减少，这是所谓的技术性贸易壁垒的循环传导机制。

目前只有欧洲的一些国家在本国范围内征收碳税，世界上并没有征收"碳关税"的范例。但随着全球气候的变化和可持续发展战略的实施，为弥补减排政策带来的竞争力损失，发达国家开始提出对进口商品征收碳关税。布什执政期间，美国拒绝设立温室气体减排目标。奥巴马政府上台以后，态度有所转变，美国清洁能源法案获得通过。由于技术水平有限、制造业起步晚和国际产业结构调整等原因，中国承接了大量的高耗能产业转移，出口了大量的高碳产品。尽管中美均为碳排放大国，但由于受美国经济、政治及贸易结构的影响，中国在碳关税问题上处于劣势。作为高碳产品的主要进口国，美国征收高额碳关税将对中美贸易产生重大影响。短期内，由于高碳产品价格上升导致中美贸易减少，美国的部分进口需求将转移到其他国家；长期来看，出口商需要通过提高价格来补偿技术投入上的支出，价格上涨将会导致需求量减少从而导致贸易量减少；同时碳关税将会导致社会福利损失、贸易条件恶化，而美国可能获得短期收益。

目前碳关税贸易壁垒有兴起的趋势，鉴于碳关税产生的巨大影响，我国应加强相关研究，并积极采取有效措施突破壁垒。通常来说，我国出口企业主要可采用以下措施跨越碳关税壁垒：一是直接满足碳税壁垒要求，主要包括加强企业管理、提高能源利用效率、加快低碳技术创新步伐、充分了解国外的碳关税壁垒、申请国际低碳技术标准认证和贸易对象国的低碳技术标准认证等；二是进行寻租活动，利用贿赂等方法获取进入国外市场的资格；三是规避壁垒，利用 WTO 规则和多边贸易争端解决机制，加强国际合作，建立国内碳关税壁垒预警机制，通过对外直接投资来代替产品的出口等。有些工作需要政府和行业协会去完成，出口企业的有效措施是贿赂、对外直接投资和技术创新。

出口企业在出口商品时，可以通过对外直接投资规避所遭遇到的进口国碳关税壁垒，即可以通过输出资本、技术等生产要素的形式来规避国外碳关税壁垒，对外直接投资是出口企业跨越国外碳关税壁垒的主要途径之一。而对外直接投资跨越其贸易壁垒的有效程度，根据进口国实行碳关税壁垒类型的不同也将有所差别：

（1）进口国实行歧视性碳关税壁垒。歧视性碳关税壁垒包括有国民歧视与国别歧视。国民歧视，指对国内同类产品不做技术标准的要求，而只要求进口产品达到规定的低碳技术标准。在这种情形下，出口企业只有通过在东道国进行直接投资，以东道国国内产品的身份进入市场，才能有效地规避国民歧视的碳关税壁垒；国别歧视是指进口国只要求某些国家的进口产品达到规定的低碳技术标准，而对其他国家不执行此标准。对外直接投资跨越低碳技术性贸易壁垒是比较有效的。针对国别歧视，出口企业则可在未执行碳关税壁垒限制的第三国投资生产，继而以该第三国产品的名义进入原进口国市场，间接跨越进口国对进口产品的碳关税壁垒限制。但这种方式可能会受到运输距离、成本、原产地标准及第三国与进口国、出口国的关系等因素的影响。此外，当进口国对进口产品的原产地标准要求过高时，出口企业须对第三国实实在在地进行投资生产，实现从零部件到成品的"实质性变更"，而不能只进行简单的加工贸易。

（2）进口国实行非歧视贸易壁垒。即进口国对国内市场上的所有商品实行统一的法规、技术标准和统一的程序、合格评定方法等，无论此商品是国内产品还是进口产品。这种情况则更多地使低碳技术标准回归到其本身的含义，而不再是贸易壁垒层面的含义。在这种政策下，进行技术创新则成为对外直接投资跨越是否有效的关键。当出口企业采取只进行对外直接投资，不进行低碳技术创新的策略时，企业很难有生存的机会，也就很难实现跨越，因为这种策略要求出口企业在国内外均进行低碳技术创新。所以只有当这些出口企业面对以下情形时才采用这种策略：出口企业不愿意白白丢失原有的市场，但自身低碳技术创新能力不足时，通过在进口国投资设厂向当地厂商学习的技术溢出效应，提高自身生产技术以达到进口国产品碳减排的要求。现实中，有很多跨国企业通过这种边投资边学习边进步的方式获得了成功。英国著名经济学家邓宁认为这是跨国企业在寻觅能够补充或增强自己核心优势时的资产（Dunning，2000）。当出口企业根据自身的优势和能力、国际市场状况和进口国碳关税壁垒设置情况，采取对外直接投资和技术创新结合的策略时，企业本身既可以做到对外投资和海外经营，又能够发展自己的技术。

在这种背景下，对外投资成为跨越碳关税壁垒的一种重要途径。至于能在多大程度克服碳关税壁垒的限制，本书认为，跨越的有效程度需视不同情况而定：如果进口国实行歧视性的碳关税壁垒，对外直接投资的跨越能力就比较强；

如果进口国实行非歧视性的碳关税壁垒，有效跨越进口国的碳关税壁垒的方式是对外直接投资与低碳技术创新相结合；同时，由于碳关税壁垒的"传染"现象的存在，出口企业借助对外直接投资来跨越碳关税壁垒的难度可能会越来越大。因此，企业应提高低碳技术创新能力，采取各种措施以降低碳关税壁垒的传染程度，有选择地进行对外直接投资，来提高跨越碳关税壁垒的能力。

5.2.3 获取创新补偿竞争优势

以往研究表明：对外直接投资对东道国和投资国互惠互利。有三种理论解释对外直接投资对东道国经济增长的影响：工业组织理论、国际贸易理论和内生增长理论。工业组织理论解释了直接效用和对外直接投资对东道国经济增长的"外部性"问题。该理论分析了国际贸易和对外直接投资在技术转移、知识传播中的作用及它们对东道国市场结构和竞争的影响。国际贸易理论则分析了国际贸易和对外直接投资发生的原因，以及企业如何在出口、直接投资等方式中选择进入市场的模式。内生增长理论认为东道国实现人力资本积累、技术进步和国际间创意外溢的重要来源是对外直接投资。许多实证研究结果支持对外直接投资促进东道国技术进步经济增长的论点。Shujie Yao 和 Kailei Wei（2007）的研究结果显示，在 1978～2004 年这一阶段，对外直接投资对经济增长和技术进步的贡献达到1/3。Chuang（2004）则认为吸引对外直接投资的动力不仅是要利用国外技术，而且要理解这些技术并将它们从国外转移到国内，他通过实证研究发现对外直接投资对东道国影响最大的行业不是引入了最先进技术的行业，而是那些进口了恰当技术的行业。

对外直接投资对我国和东道国而言同样互惠互利。低碳约束为中国对外直接投资提供了催化剂，我国跨国企业通过对外直接投资转移部分碳排放的同时，也为欠发达国家提供资金及技术支持，提高其能源利用率。这些欠发达国家（地区）有较好的资源禀赋，但缺乏经济发展所需的技术支持和大量资本，我国对外直接投资流向这些国家（地区）使我国获得资源和利润，也为这些国家（地区）提供了其稀缺的资金和技术。虽然通过对外直接投资的规模效应，可能会增加欠发达国家的碳排放量，但对外直接投资的技术效应有利于东道国技术水平的提升，从而促进该国的节能减排。目前我国节能低碳技术取得了不小成就，从行业领域来看，我国已初步掌握电力行业中煤电的高参数超临界机组技术、整体煤气化联合循环发电技术（IGCC）、热电多联产技术等。从新能源方面和可再生能源看，我国在燃料电池技术、大型风力发电设备、生物质能技术及氢能技术、高性价比太阳能光伏电池技术等方面取得了不小进步。虽然与欧洲、美国、日本等发达国家相比还存在一定差距，但相对于欠发达国家而言，我国的节能低碳技术仍有显著优势。从低碳节能技术转移角度看，我国跨国公司拥有良好的管理和先进的科技，而欠发达国家企业整体科技水平相对较低。在技术差距的条件下，我国较先进低碳技术可通过对外直接投资的培训效应、示范效应、竞争效应、关联效应等渠道，实现节能低碳技术转移和溢出。

　　虽然对外直接投资可为东道国提供其稀缺的资金和技术，并通过技术效应提升其科技水平，从而促进该国的节能减排。但在全球发展低碳经济的大背景下，东道国可能对外资企业实施碳约束，从而阻碍我国对外直接投资的流入。上述分析指出，东道国的碳约束是我国对外直接投资的主要制约因素之一，但根据"波特假说"也可能出现另外一种情况，碳约束水平的上升可以促进被约束企业提高资源使用率，进行低碳技术的创新，通过创新补偿使得企业生产出更清洁的产品，通过市场的先动优势使得创新生产的清洁产品抢先占领市场，阻止竞争对手的进入。如图 5-2 所示，通过创新补偿以及市场的先动优势，单轨制的低碳约束会使被约束企业相对于不受约束的企业而言，拥有绝对竞争优势。此时被约束企业所面临的需求曲线由 d 上升至 d′，其相应的边际收益曲线由 MR 上升至 MR′，企业的均衡产量也由 QE 上移至 QE′，均衡价格则由 PE 上移至 P′，而平均成本下降至 AC′。因平均成本 AC′小于均衡价格 P′，企业将获得超额利润，对外直接投资的流入有可能增加。根据以上分析，东道国对外资企业实施低碳约束，既可能使企业生产成本上升，阻碍对外直接投资的流入，又可以通过先动优势和创新补偿，使企业产生竞争优势，增加我国对该国的对外直接投资。

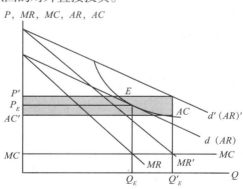

图 5-2　创新补偿优势

5.3　主体动力二：我国碳排放的路径依赖

　　低碳经济背景下我国开展新型对外投资的潜在收益将诱使企业改变对外投资方式，同时，我国经济增长与碳减排目标的冲突也决定了我国对外投资模式急需转变。本节拟用碳库兹涅茨曲线（CKC）实证分析我国对外直接投资、产业结构、外商直接投资等路径下的碳排放，解析现阶段我国碳排放遵循何种路径，为实现我国经济增长与碳减排双重目标指明出路。

　　目前我国经济发展与减排目标双重压力矛盾突出。能源是经济增长的主引擎，我国经济的强劲增长使能源的需求量也保持高速增长，因此，为了保证经济的平稳发展和民生的持续改善，我国能耗短期内难以降低。这主要是由于交通运输、金色冶炼、化工制造、建筑等六大高耗能产业的加速发展。在开发经济条件下，我国作为贸易大国和主要的外商直接投资流入国，扮演着"世界工厂"的角色，能源和资源的消耗快速增长。此外，我国人均资源的利用率很低，大众缺乏环保意识，在可以预见的很长一段时期内，我国的碳减排问题将会愈发棘手。2009 年 11 月 25 日，国务院总理温家宝主持召开国务院常务会议，把"到 2020 年我国单位 GDP 的碳排量比 2005 年下降 40% ~45%"作为刚性约束纳入社会发展中长期规划，这意味着我国由此进入碳总量控制时代。可见，既要保民生、增长和稳定，又要实现向国际社会承诺的节能减排降低能耗目标，这对我国来说是一个非常大的挑战。

　　面对如此困境，认识我国现阶段经济发展的碳排放路径尤为重要。学术界多采用环境库兹涅茨曲线分析经济发展与环境污染之间关系，这也是分析碳排放与经济增长关系的主要方法。美国经济学家 Grossman 和 Kureger（1991）首次提出了环境库兹涅茨曲线，他们发现环境质量随着经济发展呈现出先恶化后改善的趋势，即环境污染和经济增长之间的倒"U"形关系。继 Grossman 和 Kureger 开启了这项研究之后，涌现了一大批关于经济增长与环境污染关系的研究，但多数研究环境污染的指标集中于二氧化硫或者氮氧化物等（Shafik，1992；Selden，1994；Dasgupta，2002 等）。以二氧化碳作为环境污染指标的研究并不多，实证也出现较大差异。Martin Wagner（2008）的研究结果发现，人均碳排放与人均收入之间是单调递增关系，没有所谓的倒"U"形曲线，并且也不存在拐点。与此相反，Holtz-Eakin（1995）以及 Galeotti（2006）等的研究证实人均碳排放与人均收入之间可以描述为"U"形。但不同组别的理论拐点相差很大，最低拐点是由 Galeotti（1999）计算的 13260 美元，而 Cole（1997）估计的拐点是 25100 美元，Holtz – Eakin（1995）则推算出拐点出现在 35428 ~ 80000 美元的区间之内。Moomaw（1997）、Friedl（2003）、Martinez-Zarzoso（2004）却发现人均碳排放与人均收入之间呈 "N" 形。此外，也有学者（Lantz，2006）发现人均碳排放量和人均 GDP 之间并不相关。

国内学者对二氧化碳排放与经济增长的研究比较有限。陆虹（2000）利用状态空间模型动态分析了人均二氧化碳和人均 GDP 之间的关系，发现二者之间的关系比较复杂，不能简单概括为环境库兹涅茨曲线。韩玉军、陆旸（2007）的研究发现，碳库兹涅茨曲线不能适用于每一个国家，不同组别国家的差异很大，可能呈现出倒 "U" 形或线性等关系。蔡昉等（2008）考察了环境库兹涅茨曲线的拐点，他们认为，日益增加的环境压力使我国不能无作为地等待库兹涅茨拐点的到来，因此提出了中国经济内在的节能减排要求。国内在二氧化碳排放与经济增长关系研究的文献中，主要的不足是：仅有的二氧化碳库兹涅茨曲线研究，只限于简单地检验二氧化碳排放与人均收入的关系，未考虑其他经济因素与排放之间的关系。本节将在前人研究的基础上，加入对外直接投资、产业结构、贸易、外商直接投资因素，对中国二氧化碳排放作进一步的研究。

5.3.1　模型设定和计量处理

为分析中国碳排放的现状，本节在 Talukdar（2001）模型的基础上，加入了人均产出、进出口、外商直接投资、对外直接投资等因素，着重检验产业结构变动对中国省际碳排放的影响，构建面板模型：

$$E_{it} = \alpha + \beta_1(INCOME_{it}) + \beta_2(INCOME_{it})^2 + \beta_3(ACR_{it}) + \beta_4(IND_{it})$$
$$+ \beta_5(TRADE_{it}) + \beta_6(FDI_{it}) + \beta_7(ODI_{it}) + \nu_i + c_{it} \tag{5.5}$$

其中，i 和 t 分别代表地区和年度，E 是各省的人均碳排放，INCOME 是各省的人均 GNP，ACR 为各地区的第一产业结构，IND 为各地区的第二产业结构，ACR 和 IND 是反映产业结构变动的指标，TRADE 反映地区的贸易水平，FDI 代表外商直接投资水平，ODI 代表对外直接投资水平，ν_i 代表省际随机效应，c_{it} 代表误差项。

由于模型中部分变量随时间变化较小，这里利用 Stata11 软件对面板数据的随机效应进行估计。为了直观反映参数估计的意义，首先利用二氧化的对数形式进行分析，然后再利用单位产出二氧化碳排放量进行估计来反映结果的稳健性。这里选取了两个指标反映产业结构，还考虑了收入对碳排放的非线性影响以及贸易、外商投资与对外直接投资的作用，每组模型都估计了 6 个方程。

5.3.2　变量和数据说明

中国省级行政单位的二氧化碳排放量方面，并无较为权威的官方统计，李国志和李宗植（2010）、许广月和宋德勇（2010）等均依据各地区能源消耗数据进行估算。借鉴他们的方法，本节依据政府间气候变化专业委员会（IPCC，2006），即 2006 年 IPCC 国家温室气体清单指南中提供的七种化石燃料的净发热值和碳排放系数，处理后得到各种燃料的二氧化碳排放系数，再用各地区不同种类的燃料消耗量乘以相应的二氧化碳排放系数，得到的各地区能源消耗的导致的二氧化碳排放量。根据 IPCC（2006）的研究报告，除了能源消耗所导致的二氧化碳排放以外，一些产品诸如水泥、玻璃、焦炭等工业产品生产过程本身也将导致较多的二氧化碳排放，故本节也估算了各地区排放强度较大的主要工业产品生产所导致的二氧化碳排放，与各地区能源消耗导致的二氧化碳排放汇总，得到各省估算的二氧化碳排放总量。

为衡量一国或地区贸易状况对地区碳排放的影响，现有研究大多采用进出口额与地区 GDP 的比重来衡量。如 Jorgensonl（2007）、Perkins 和 Neumayer（2008）采用各国出口总额与该国 GDP 比值来考察贸易渠道的碳排放的影响；Hubler 和 Keller（2009）采用进口与 GDP 的比值。考虑到中国对外开放度不断提高，出口在地方经济发展中的作用日渐显著，本节借鉴前者的思路，选择各地区出口总额与地区 GDP 的比值来表征贸易状况。

外商投资指标方面，现有研究多选用外商直接投资存量与 GDP 的比重来衡量，如 Talukdar（2001）、Jorgenson（2007）、Perkins 和 Neumayer（2008）等。本节借鉴大多数人的做法，采用地区外商直接投资累计额与地区 GDP 的比值来衡量外商直接投资的水平。对外投资指标方面，使用类似方法进行处理。

研究地区收入水平与地区碳排放关系时，现有研究大多采用地区人均 GDP 来表征，如林伯强（2009）、许广月和宋德勇（2010）等。本书借鉴他们的做法，采用地区人均 GDP 来衡量地区收入水平。

现有文献在考察产业结构对与地区碳排放关系时，大多采用地区的三次产业的比重来衡量其产业发展状况。Fisher-Vanden（2006）对中国能源消耗的研究表明，第二产业的能源消耗是中国能源消耗最重要的组成部分；Jorgenson（2007）发展中国家的研究表明，第一产业的发展与本国的碳排放也存在明显的相关性。为衡量第二产业和第一产业发展对地区碳排放的关系，借鉴 Talukdar（2001）的做法，本节分别用第一、第二产业产出占地区 GDP 的比重（ARG1，IND1）和第一、第二产业产出占地区全部就业人数的比重（ARG2，IND2）来衡量地区产业结构的变动情况。

　　本节实证部分采用数据为 2002～2012 年除我国香港、澳门、台湾地区、西藏自治区和重庆市外的 29 个省、自治区和直辖市的面板数据；由于行政沿革的原因，将 1997～2011 年重庆市的相关数据并入四川省进行处理。本节所用数据主要源于 2002～2012 年《中国统计年鉴》、《中国能源统计年鉴》，部分数据来源于《中国工业经济统计年鉴》。由于本节的对外贸易、外商直接投资等数据均采用美元作为计价单位，故本节用国家外汇管理局公布的历年人民币兑美元汇率中间价转换为人民币；文中其他涉及价值形态的人均收入数据，本节采用 2000 年为基期的工业产品出厂价格指数进行调整，以剔除价格因素的影响。

5.3.3　计量结果分析

　　以二氧化碳排放量自然对数为因变量，表 5-3 报告了回归结果。总体看来，模型 1 至模型 6 的估计结果均表明样本期间内，外商直接投资至少在 10% 水平下与碳排放量显著正相关。我们较有把握地证明，外资的流入引致了碳排放量的上升，对我国环境造成了负面影响。根据 Grossman 和 Krueger（1991）的理论研究，外商直接投资对一国环境的影响可分解为规模效益、结构效应与技术效应三个层面。因此可以推断，目前的中国外商直接投资环境效应的合力是负面的。与此相反，在 6 个模型中，贸易变量在不同程度上与碳排放正相关，但是统计上均不显著。这意味着中国贸易活动的开展并不是构成碳排放量增长的主要因素。此结论与李小平和卢现祥（2010）中关于贸易变量的实证结论较为一致。他们的分析表明，发达国家转移污染产业的同时也向中国输出了清洁产业。总体上，中国并没有通过国际贸易渠道成为发达国家的"污染天堂"。对于对外直接投资变量的估计表明，我国对外投资渠道与碳排放之间不存在明显的关系，其统计上均不显著。多个模型估计结果显示人均产出一次项与碳排放量至少在 5% 水平下显著正相关，而模型 4、模型 5、模型 6

加入人均产出二次项，二次项的估计系数统计上均不显著，由此来看，环境库兹涅茨曲线的倒"U"形特征尚未显现，我国的环境水平还处在环境库兹涅茨曲线拐点的左端。

表 5 - 3　　　　　　　　因变量为二氧化碳排放量自然对数的回归结果

解释变量	模型 1	模型 2	模型 3	模型 4	模型 5	模型 6
FDI	0.0027 * (1.87)	0.0087 ** (2.23)		0.0753 * (1.68)	0.0084 * (1.95)	0.0099 ** (2.08)
TRADE	0.0423 (0.76)		0.0310 (0.75)	0.0691 (1.13)	0.0439 (0.73)	0.0013 (0.84)
ODI	0.0003 (0.74)		0.0023 (0.66)			0.0005 (1.00)
ln (INCOME)	0.7361 *** (8.42)	0.7211 *** (8.44)	0.7388 *** (8.83)	0.7190 *** (8.09)	0.8601 *** (3.33)	0.6571 ** (2.10)
$[\ln (INCOME)]^2$				- 0.0041 (- 1.05)	- 0.0025 (0.02)	- 0.0003 (- 0.78)
ACR1	0.1404 (1.16)	0.1537 (1.29)	0.1406 (1.17)	0.1242 (1.02)		
IND1	1.2796 *** (6.08)	1.2704 *** (6.09)	1.2587 *** (6.11)	1.2728 *** (6.09)		
ARG2					0.1176 (0.10)	
IND2					1.1792 *** (6.42)	
$Adj - R^2$	0.6740	0.6739	0.6742	0.6747	0.6695	0.6393
F (wald)	766.26 (0.00)	764.23 (0.00)	771.81 (0.00)	770.41 (0.00)	774.31 (0.00)	763.71 (0.00)
样本	290	290	290	290	290	290

注：回归系数括号里的数为 z 值，F（wald）括号里的数为 prob > F（chiz）的值；*、**、***
表示 10%、5% 和 1% 水平上显著。

而对于本节考察的结构变量，可以发现我国碳排放总量与产业结构变化具有极大的相关性。模型1、模型2、模型3、模型4的第一产业碳排放参数估计值在0.14左右，但均不显著。第二产业的参数估计均值为1.27，系数差别很小且均在1%的水平下显著。可见第一、第二产业产值的增加都会增加该省的碳排放，第二产业的变化对碳排放的影响更大。以就业人数表征的结构变量也得出类似的结果，从模型5可知，在其他条件不变的情况下，我国第一、第二产业就业人数每增加1%，碳排放量将分别增加0.1176%、1.1792%。可见，我国产业结构变化对碳排放产生了重要影响。第一产业比重提高与碳排放之间正相关，这与Jorgenson（2007）的研究相一致。

表5-4以单位产出的二氧化碳排放量自然对数为因变量，外商直接投资变量在模型1至模型6的设定中均较为稳健地表现出与二氧化碳排放量正相关关系。可见，外商直接投资渠道的碳排放增长不容忽视，再次印证了外商直接投资环境效应的合力是负面性质。除了模型6设定形式下的估计结果，其他六个模型显示贸易变量与碳排放是正相关但统计不显著。据此，我们还是倾向于认为贸易活动的开展并不是构成碳排放量增长的主要因素。对外直接投资变量的估计结果仍然不显著。所有模型的估计结果显示人均产出一次项与碳排放量至少在5%水平下显著正相关，而模型4、模型5、模型6加入人均产出二次项，大多数二次项的估计系数统计上不显著，只有模型4的估计结果显著。由此来看，人均产出二次项的系数显著性对模型4中产业结构的指标选取比较敏感。对于结构变量，第一产业产值与就业人数对单位碳排放量的影响为正，但大多不显著。第二产业产值与就业人数对单位产出的碳排放量的影响均显著为正，这结果再次印证了第二产业的发展增加了我国的碳排放。

表5-4　　　　　　　**因变量为单位产出二氧化碳排放量的回归结果**

解释变量	模型1	模型2	模型3	模型4	模型5	模型6
FDI	0.7931 ** (2.55)	0.8237 *** (9.58)		0.7354 * (1.94)	0.8304 ** (2.40)	0.8961 ** (2.57)
TRADE	0.5336 (1.40)		0.481 (0.97)	0.3758 (0.40)	0.4659 * (1.89)	0.3923 (0.12)
ODI	0.0642 (0.53)		0.0709 (0.27)			0.0091 (0.02)

续表

解释变量	模型 1	模型 2	模型 3	模型 4	模型 5	模型 6
ln（INCOME）	21. 6030 *** (12. 28)	23. 6225 *** (8. 23)	24. 19 *** (9. 88)	9. 1366 *** (3. 12)	10. 0196 *** (2. 88)	11. 2034 ** (2. 41)
[ln（INCOME）]²				0. 4537 * (1. 67)	0. 2355 (0. 91)	0. 3977 (0. 04)
ACR1	3. 6389 (0. 77)	3. 2031 (1. 30)	3. 1596 (0. 99)	3. 077 * (1. 71)		
IND1	16. 514 ** (2. 56)	15. 722 ** (2. 20)	16. 0174 *** (5. 26)	15. 936 *** (5. 42)		
ACR2					3. 2873 * (1. 66)	
IND2					15. 0002 *** (7. 58)	
Adj_R^2	0. 5393	0. 5247	0. 5419	0. 5034	0. 5150	0. 5905
F（wald）	433. 75 (0. 00)	434. 31 (0. 00)	435. 51 (0. 00)	426. 93 (0. 00)	427. 11 (0. 00)	435. 62 (0. 00)
样本	290	290	290	290	290	290

注：回归系数括号里的数为 z 值，F（wald）括号里的数为 prob > F（chiz）的值；* 、** 、*** 表示 10% 、5% 和 1% 水平上显著。

综上两个模型可以看出：如大多数学者先前的预测与分析一致，我国以二氧化碳为指标衡量的环境水平还处在环境库兹涅茨曲线拐点的左端。国内"中间大两头小"的产业结构以及以外商直接投资流入为渠道的碳污染产业转移是碳排放的主要路径。贸易的开展尚未成为碳污染转移的重要渠道，对外直接投资与我国碳排放之间暂时不存在显著相关关系。我国碳排放的路径决定了解决当下经济增长与碳减排目标的双重出路：一方面，加强对外直接投资的转型，包括提高外商直接投资进入的环境标准，加大引入清洁技术、节能环保的低碳投资，发展好清洁发展机制下的项目；另一方面，积极寻找新的突破口，如利用对外直接投资渠道发展低碳经济抢占产业制高点。目前世界许多国家都高度重视发展低碳经济，普遍意识到谁能抢先发展好低碳技术和低碳产业，谁就能在新一轮经济增长中占据主动权，成为世界经济发展的"领头羊"。发达国家拥有先进的能源技术，在低碳经济方面处于领先地位，经济危机也使发达国家希望通过低碳经济保持产业竞争力，为下一轮增长早作准备，抢占先机。我国可利用对外直接投资的发展空间，顺应趋势，寻求先进低碳技术促进国内产业结构升级与碳排放的降低。

第6章 我国对外直接投资模式转型的路径选择与风险

以上各章分析了我国对外投资转型的现实依据、理论基础和动力机制。从各章的结论可以发现，对外直接投资转型不仅是我国迫于低碳约束压力的必然选择，也是我国积极转变思维，抓住低碳经济机遇的战略选择。这对于我国寻求国外先进低碳技术、规避碳贸易壁垒、弥补清洁发展机制不足以及转变当前国内经济增长方式都具有重要意义。低碳经济背景下，重构我国对外投资模式的总体思路应该是抓住低碳经济兴起战略机遇，以低碳技术为核心，兼顾国情，有针对性地选择适宜产业、进入方式与投资主体，识别转型后低碳对外投资的特殊风险。

6.1 投资产业选择

在低碳经济发展的时代背景下，我国调整原有对外直接投资的产业选择十分必要。具体可参考以下几个基准进行：

中国处于工业化和城市化加速推进的过程之中，国内的能源供需矛盾激烈。要想保持经济的平稳运行，解决能源问题首当其冲。要解决这个问题，从逻辑上讲有两条途径：提高能效和增大供给幅度。首先，高能耗的国内企业必须提高能源使用效率。其次，通过寻求型对外投资来增加能源供给，着重于石油天然气勘探开发及相关服务业。石油天然气工程建设作为"走出去"战略的核心，近年来取得的成绩是显著的。但是，从"低碳背景下保证石油安全"的战略目标来看，仅有油气的勘探是有限的。作为上游产业链条的勘探和开发需要作为下游石油工程建设服务密切，否则开采获得的原油资源不能炼制、销售，最终将导致依靠初级产品销售的石油企业跨国经营威胁中国能源安全。因此，石油产业链的下游产业至关重要，中国急需培养一批具有国际竞争能力，高素质的人员队伍，掌握具有节能减排意义的石油工程建设技术，支援中国石油行业的国际化。

6.1.1　基于低碳技术基准的产业选择

中国目前的技术水平和创新能力落后于发达国家，技术引进无法取得核心技术，自主开发成本高周期长，因而获取低碳发展的关键技术是个难点。一个行之有效的方法，是在技术资源丰富的国际与地区进行直接投资：其一，到智力资源优势和技术水平优势明显的国家设立海外研发机构，研发低碳技术和产品；其二，通过直接兼并、合资的方式缔结发达国家低碳技术领先的高科技企业，发展处于国际领先水平的绿色产业。

基于我国国情，在常规能源结构中，煤炭占据着极为重要的地位，占能源生产的89.2%，同时，中国的能源消费也是以煤炭为主，在一次性能源消费中，煤炭的比重高达76%。而煤炭能源比起优质能源，如石油、天然气等，拥有污染严重，利用率低等劣势，从而直接导致中国整体能源效率和环境效益低下等问题。在这样的背景下，中国对外的直接投资项目应把侧重点摆在有利于改善中国能源结构的低碳技术领域。在制定对外投资企业获取清洁技术目标时，必须考虑到国情，应该积极寻求如碳捕获和封存、洁净煤等符合国情的关键性低碳技术的开发与应用

所谓碳捕获和封存（CCS），即是将二氧化碳从包括工业源在内的与能源相关的源中分离，输送到封存地，使之与大气长期隔离的技术。CCS 技术主要用于大点源的二氧化碳减排上，例如二氧化碳排放型的企业，生物能源设施和大型化石燃料等等。这一技术，是作为稳定大气温室气体浓度的减缓行动组合中的方案之一，不但能减少整体的减缓成本，更具有增加实现问世气体减排灵活性的潜力。在应用上，CCS 技术可作为燃烧后处理和燃烧前处理技术，且两种技术都适用于电厂二氧化碳的减排方面。根据国际能源署（IEA）的研究，在 2℃温升情景下，2020 年、2030 年和 2050 年由提高能效带来的减排量将分别占当年能源相关减排量的 65%、57% 和 54%。但由于提高能效技术的"天花板效应"逐渐显现、替代能源资源由易开发逐渐转为难开发等原因，CCS 技术的减排贡献将从 20 年占总减排量的 3% 上升至 2030 年的 10%，并在 2050 年达到 19%，成为减排份额最大的单项技术。不仅如此，国际能源署在综合分析了各类减排技术的长期减排成本后认为，CCS 技术可能是长期成本最低的减排技术。如果在不采用 CCS 技术的情况下实现温度控制目标，那么到 2050 年总减排成本将比使用 CCS 技术增加 70%。CCS 作为一种高新技术正在全球

范围内引发世界各国科学界以及企业界的研发热潮。在全球范围内，大多数CCS项目还在规划研究阶段。据澳大利亚全球CCS研究所统计，世界上有270个CCS项目，其中70个达到每年封存超过100万吨二氧化碳的商业级规模。例如2008年9月，世界上第一个完整的技术示范项目在德国一家燃煤发电厂开始运转。该示范性试验项目建于德国北部Schwarze Pumpe发电厂旁边，每年可捕获10万吨二氧化碳，随后将之压缩，埋藏在枯竭的Altmark天然气田表面以下3千米的地方。该气田距离发电厂大约200千米。示范项目耗资7000万欧元（5700万英镑），能够输出12兆瓦的电力和30兆瓦的热能，足以供应1000多户家庭。美国的APE公司于2008年就已经将此技术运用在3万千瓦的西弗吉尼亚州Mountaineer电厂项目上，每年的二氧化碳捕获量高达1.0×101kg，捕获到的二氧化碳将被封存于深部盐水层；加州大学的化学家则已经研究出成功分离和捕获二氧化碳的材料，即佛石咪唑酯骨架结构材料，这种材料使电厂得以摒弃使用有毒材料而同时可有效捕获温室气体并将其储存于地质中。在国内，中国也曾进行了碳捕获和封存的试验研究。例如，中国华能集团作为国内最大的发电企业之一，于2007年在国内率先开展了燃煤电厂二氧化碳捕集技术研发与工程示范，并在中国华能北京热电厂建立了国内第一座燃煤电站烟气中二氧化碳捕集示范装置，二氧化碳捕集量为3000～5000吨/年，标志着二氧化碳气体减排技术首次在我国燃煤发电领域得到应用。中石油集团曾在吉林油田等地开展过二氧化碳驱油试验，其主要针对二氧化碳封存技术进行研究；神华集团计划在鄂尔多斯地区进行高达10万吨/年二氧化碳盐水层封存示范；重庆合川双槐电厂也安装了碳捕集装置。尽管如此，CCS在中国的应用中还存在许许多多的问题，如投资过高，双槐电厂仅碳捕集设备就已经投入了高达1235万元。可见在目前情况下，中国的电厂针对CCS上的项目很少，即便进行，也存在低效益、收效低的现象。可是，由于技术上和经济上的原因，中国的能源结构在短时间内难有大改变，以煤炭为主的能源结构依然扎根于中国，煤炭消耗量依然占了中国总能源消耗的很大比重。因此，中国必须通过加强与国际多方的合作，通过引进、模仿进而改进CCS技术，加强在能源减排技术上的研发力度，从而在发展的同时减少煤炭对环境的负影响。

另外，发展洁净煤技术，提高煤电转化率，则是中国未来能源技术的另一个制高点。世界能源委员会曾在其研究报告中提到，在今后的几十年内，从煤炭中提取的，包括合成气体、液体和氢等将成为现今主要煤炭消费国的重要的长期能源供应来源。现今，各国、各大企业和研究机构等都已经在积极地组织并进行相关技术的研发科研工作。美国，作为技术研发先进的国家，为了更好地开发洁净煤技术，早在 2003 年就提出了未来电厂计划，即由政府部门与其他私人机构以及国际组织共同主导的，一共投资 10 亿美元建造的煤基发电厂的计划。其计划在 5 年内完成设计并建造一座零排放的煤基发电厂，并让其在 10 年内开始运作。时至今天，其科研投入已然初见成效：技术上可行的零污染排放的未来煤炭发电厂模型已经研发成功，并且获得商业市场上的一致看好。极高的煤电转换效率正是藏在发达国家高效能、低污染的发展模式背后的秘密之一，预计 2030 年，全球将约有 70% 以上的发电厂使用洁净煤技术。可见，在将来，煤电的转换效率将极大地影响一国的发展。反观中国，目前的电力用煤约占我国煤炭总消费量的 50% 左右，远远低于发达国家的水平，同时还伴随着煤电转化效率低，碳排放强度大等问题。尽管中国的煤电转换效率一直在提供，但总的来说依然处于世界的落后水平，加快和发达国家相关企业联合成立实验室，通过联合研发来获取和消化关键技术，加快洁净煤技术的科研力度和效率是我国迫在眉睫的重要任务。

6.1.2 基于市场基准的产业选择

新能源行业是低碳经济重点发展的领域，中国的新能源行业存在许多问题，如原材料、设备和关键技术都依赖于国外供应；产品销售依赖于国外市场等。

光伏产业就是一个典型的例子。中国的光伏产业的产业链高度依赖国外市场，"产业链的前端，95% 的原料来自进口；产业链的末端，95% 的市场需求来自在海外"。首先，作为光伏产业链的源头多晶硅原材料制造，基本依赖进口，这主要是因为中国国内企业的技术水平低，企业规模小；虽然国内的硅锭/硅片生产技术较成熟，可与国外产品媲美，但是由于多晶体硅原材料依赖于进口，严重限制了国内硅锭/硅片生产企业的发展；其次，处于整个产业链中端部分的技术和设备占新能源投资的绝对比重，而中国太阳能光伏发电产的程度低，导致新能源附加值较低，相反，国外对于光伏发电系统的应用非常熟练，其能源附加值较高，利用率高；最后，在光伏产业的下游领域，中国某些优势产业却出现了产能过剩的现象。中国的太阳能电池制造产业就是一个很好的例子。2009 年，我国太阳能电池生产居世界第三，是国内光伏产业链中生产技术发展最成熟，生产设备国产率最高，产业门槛最低，从事企业最多，产业扩张最快，产量最大的。2012 年我国太阳能电池生产量已占全球的 50% 以上，同年我国光伏发电装机量占全球的比重却较低。国产光伏组件绝大部分出口国外，特别是欧盟国家，但由于上游硅材料紧缺的原因，目前国内封装产能过剩，利润空间小，产品质量良莠不齐，国际竞争力弱，发展空间有限。中国已经成为发达国家光伏产业的加工车间。

2012 年以来，我国陆续出台多项政策法规，进一步优化风电产业发展环境，规范风电市场运行秩序。国家可再生能源信息管理中心于 2014 年 1 月发布了《2013 年度全国风电建设快报》，根据其统计，截至 2013 年 12 月 31 日，2013 年全国风电累计核准容量 13425 万千瓦。其中，并网容量 7758 万千瓦，在建容量 5667 万千瓦，并网容量占核准容量比例为 58%。2013 年度全国风电新增核准容量 2755 万千瓦，同比增长 10%；新增并网容量 1492 万千瓦。2013 年全国风电年上网电量为 1371 亿千瓦时，同比增长 36%。我国风电累计装机容量达到 9174.46 万千瓦。据北极星风力发电网数据，截至 2014 年 3 月底，全国 6000 千瓦及以上电厂装机容量 12.24 亿千瓦，同比增长 9.5%。其中，水电 2.46 亿千瓦，火电 8.66 亿千瓦，核电 1569 万千瓦，并网风电 7929 万千瓦。全国规模以上电厂发电量 12719 亿千瓦时，同比增长 5.8%，增速比上年同期提高 2.9 个百分点。其中 3 月发电量 4528 亿千瓦时，同比增长 6.2%，增速比上年同期提高 4.1 个百分点。全国 6000 千瓦及以上电厂风电发电量 372 亿千瓦时，同比增长 11.0%，增幅比上年同期回落 37.2 个百分点。其中，内蒙古风电发电量 88 亿千瓦时，占全区发电量比重达到 10.2%。同时，中国风能协会 2013 年发布《2012 年中国风电装机容量统计》报告中的数据显示，2012 年我国新增安装风电机组 7872 台，装机容量 1296 万千瓦，同比下降 26.5%；累计安装风电机组 53764 台，装机容量 7532.4 万千瓦，同比增长 20.8%。2012 年，我国海上风电新增装机 46 台，容量达到 12.7 万千瓦，其中潮间带装机量为 11.3 万千瓦，占海上风电新增装机总量的 89%。2012 年风电并网总量达到 6083 万千瓦，连续两年位居全球第一，年发电量超过 1000 亿千瓦时，占全国总发电量的 2%，已成为第三大主力电源，对优化能源结构、促进节能减排的作用日益凸显。我国已取代美国成为世界第一风电大国，国家电网成为全球风电规模最大、发展最快的电网，大电网运行大风电的能力处于世界领先水平。但是我国的风电发展也同样面临技术差距过大，核心技术被国外垄断的局面。风电发展的核心风电机组的制造。目前我国机电制造技术远远落后于世界，没有对风电成套设备进行自主开发。我国没有充分利用国内雄厚的机电制造业基础，通过各种渠道吸收国外先进技术，导致发展严重滞后。随着世界风力发电机制造水平的不断提高，更大的单机容量已经是全球风能技术发展的趋势。资料显示，国外风电机组目前已达到兆瓦级，如美国主流 1.5 兆瓦，丹麦主流 2.0~3.0 兆瓦。我国在这一技术上处于相对落后的水平，到目前为止，还不具备自行开发大型风电机组的能力，在机组总体设计技术，特别桨叶和控制系统及总装等关键性技术上远远落后于欧美发达国家；另外，机组质量也不高，故障频发，我国国产发电设备面临严峻考验。据环球网报道，为应对经济发展带来的电力需求的增长，亚洲地区在今后二十年里预计将增加约 100 台核电机组。据悉，核电建设方主要是中国、印度和韩国，占新建计划的 90%。根据各国能源计划，我国在 2020 年之前将新建 56 台机组，发电能力将达到 8000 万千瓦，增至现在的 9 倍。在总发电量中，核电所占的比重要从目前的约 1% 提高至 10%。经济合作与发展组织统计显示，全球发电量到 2035 年将超过 30 万亿千瓦时，将比 2008 年增加 80%。其中大部分新增发电量在新兴经济体。太阳能和风力等可再生能源的发电成本很高，而且以目前的技术难以实现稳定发电。从我国光伏产业和风电产业的发展历程可见，要保证我国新能源行业的健康持续发展，首先就要组建起我国独立的、完整的产业链，加大技术寻求型对外直接投资。具体操作上，一要向上游产业投入大量技术开发，在海外市场寻求稳定的原材料供应；二要向下游产业树立销售品牌，形成销售渠道，开展废旧产品回收等。发展新能源领域的对外直接投资也要遵守向微笑曲线两端延伸的准则，其一可加强向上游的研发投入、加大海外原料来源的投资，其二可树立良好的海外服务品牌形象、增加企业无形资产价值。

6.2　投资方式选择

6.2.1　传统对外投资的方式选择

传统对外直接投资理论指出，跨国企业主要通过绿地投资、合资、并购等方式拓展海外市场。企业对外直接投资应结合所处行业特征与企业自身条件以及投资的动机等因素综合考虑，选择合理的投资方式。此外，东道国的法律环境、文化基础和交易成本也应纳入考虑范畴。在选择对外投资方式上，我国还要注意到传统行业的转型，以及发展新型的低碳产业，这是中国实现向低碳经济转型的关键。

在向低碳经济转型的背景下，中国传统行业的对外直接投资要重点考虑跨国并购的方式。国内企业通过在发达国家并购高新技术企业，成立跨国公司的研发机构，与当地拥有高科技的企业合资成立公司。由于合资公司雇用了部分当地的工程技术人员、管理人员、科研人员，采购了当地的先进机器设备，可以更方便地获取国外低碳技术集聚带来的正外部性，即外溢效应；与此同时，跨国企业可以同时将低碳技术信息直接、准确、及时地传递给国内研发机构和国内公司总部，这对国内技术劣势企业跟踪世界前沿的低碳技术动态、吸收传递回来的技术研发方向、调整国内企业的技术研发脚步大有裨益。

发展低碳经济的核心在于拥有自主知识产权的技术。由于中国缺乏相关的低碳专利技术，获取国外先进技术将是中国企业未来长时间内对外直接投资的主要动因。处于领先低碳技术水平的发达国家紧紧掌握多数核心技术，中国想通过贸易的方式很难实现技术的获取。跨国并购的方式可以快速地解决这一难题，国内企业可以通过直接购买的方式，拥有欧美日等发达国家和地区的企业。这样一来，国内企业也就直接获得相关的先进技术和生产设备，同时还可以减少市场竞争，迅速占领市场份额。例如，浙江吉利汽车收购沃尔沃汽车，这种跨国并购符合吉利汽车自身发展需求，掌握了国外进口车辆的关键生产环节，并将其纳入自身价值链体系。通过并购，吉利汽车不但获取了沃尔沃的核心制造类技术，而且收获了其环保类的知识产权所有权，吉利汽车将沃尔沃汽车的核心技术合理地转移至国内传统生产企业中，极大程度上扩大了环保、节能、低碳技术在国内市场的应用。

6.2.2 低碳对外投资的方式选择

处在新兴低碳产业快速发展的时代，中国企业可以采用跨国合资或战略联盟的方式到发达国家进行跨国公司合资。一方面分担投资成本与风险，另一方面近距离学习发达国家先进的管理方法，实现利益共享与技术获取。具体来讲，我们可以实行的投资方式有：购买发达国家的先进低碳技术企业的股份，获得最新的和内部的技术材料和情报，并与当地合作研发，开发出新的低碳产品。这种方法的优点是，既能够直接参与先进低碳技术设备的管理、学习和制造，又能够拉动我国低碳节能半成品制品的进口市场，与世界先进的新能源技术对接，制造出中外结合、具有先进功能的低碳产品。这种方式适合低碳产业中相对成熟的领域，如国外的洁净煤、风能、光伏产业等领域。

同时，战略联盟的方式也是可行的途径之一。战略联盟，即某些跨国企业以协议的形式建立的一种有利于缩短技术周期和产业化周期的，有利于防范巨大风险和分摊高额研发费用的商业合作模式。通过在发达国家投资和注册低碳产业的相关研发机构。我国可通过这一形式在发达国家投资或者注册低碳产业或研发机构，从而减低获得技术的成本和风险。这种战略联盟的合作方式更多的是针对前沿技术、核心技术以及突破性技术间的合作。以我国的实际情况来说，我国可以用市场换技术，利用国内潜力巨大的碳市场作为交换，通过让渡一定的市场份额来为条件换取战略联盟的形成。在这种模式下，针对产业化前景不明朗，或者说理论与应用性强但风险大的低碳项目上尤为有效。因为，通过战略联盟，将有助于转移国内具有一定优势的低碳科研技术和人员到研究配套环境更好的海外地区，并以股权分配的方式继续研究和产业化，还可以直接雇佣有实力有经验的国外科研工作者，提高我国低碳领域的科研能力和产品创新能力，使直接利用先进低碳技术设备以及其技术转化平台变为可行，从而提高我国低碳技术在国际上的转化率，例如，可以针对国外已存在雏形的产业化和商业化前景的碳捕获和封存技术，进行战略联盟这一模式的对外投资。

6.3　投资主体选择

　　低碳经济背景下，我国对外直接投资的主体选择思路应以大型企业为主体、中小型企业作为辅助随后跟进，大企业的投资带动中小企业对外直接投资。由于诸多低碳关键技术尚处研发阶段，投资风险较大，且需要投入大量资金对新技术进行的研发和推广，这要求公司有较高的经济实力和组织能力。大企业拥有很多中小企业不可替代的优势，在低碳经济新兴且复杂的投资背景下，大型企业宜作为对外直接投资的先导。首先，大企业对国际环境判断和把握能力更强，市场调研更充分。相对于中小企业，大企业对一些通行规则和国际惯例的运用更熟悉，自身信息获取和加工处理能力较强。在开展海外投资前通常会对目标市场进行准确的分析预测，对目标国政治稳定性、经济结构、有关法律条文等方面做较为充分的调研，有利于能把握国际低碳市场的最新动向。我国大部分中小企业基本上还沿袭着家族式的管理模式，在生产、营销、人力、财务等方面的管理缺乏规范，对有关国家的政治经济法律不熟悉，缺乏对行业和产品等信息深入的调查研究，甚至不太了解自己行业的"国际标准"，缺乏对陌生的海外市场环境市场调查能力。其次，大企业拥有技术优势，研发水平较强。大企业相对中小企业从事研发工作的能力更强，创新后劲更足。作为新兴的低碳技术，交易难度大且难以购买到最先进的技术，大企业可通过对外直接投资的逆向技术扩散效应跟踪低碳技术的前沿信息，缩小低碳技术差距。目前，我国相当一部分中小企业由于劳动力成本低、负担轻，对科技研究和开发的投入较少，导致中小企业产品技术含量极低。我国中小企业大多属于以半机械化为主的劳动密集型企业，附加值不高、技术含量低，投资项目多集中在劳动密集型行业。高新技术企业所占比例不足10%，技术开发的投入经费仅占全国研究经费的40%，远低于发达国家的70%水平。中小企业的技术水平及创新能力与新兴的低碳技术还有极大差距，因此拥有相对技术优势的大型企业更适合开展低碳技术领域的对外直接投资。最后，大企业融资能力与抗风险能力更强。目前我国开展对外直接投资的大型企业主要为国有企业，规模大，信誉好，贷款容易，融资渠道多。从事跨国经营，需要大量费用进行市场调研和市场开拓、建立销售渠道和组织规模化生产。没有雄厚资金支撑很难抵御低碳经济背景下各种风险。中小企业，自有资金有限，要开展对外直接投资必须进行融资。但是在国外市场，由于规模、信誉等原因，中小型跨国公司很难在对外直接投资所在地进行融资。而我国国内的金融机构由于服务能力有限，不能辐射到外国，或者由于风险较大而不愿提供金融支持。资金问题造成中小企业市场开拓能力弱和业务难以做大做强，这是现阶段我国中小企业发展最为突出和普遍的问题。此外，由于规模小，对外投资所占资源的份额要比大型企业大得多，中小企业所面临的风险也更大。抵抗各种风险的能力比较低，特别是对非企业本身因素造成的风险更是缺乏承受能力。可见，拥有雄厚的资金、较完善的治理结构的大型企业集团能够实现企业内部资源的优化组合和资源的有效配置，具有较强的抗风险能力，是比较理想的投资主体。中小企业由于受到企业规模和资源利用上的限制，抗风险能力较弱，但经营灵活、成本低。中小企业内部，信息反馈和上下级沟通迅速，能接触更多的客户，快速抓住市场机会，也能够较灵活地撤出市场，对外投资决策更趋近于市场决策，也更加具有效率。基于此，中小企业可以通过大型企业集团带动生产经营或为之提供配套的方式开展对外直接投资。在低碳经济背景下，我国对外直接投资的策略应是以大型企业为先导，中小企业随后跟进。

6.4　我国低碳行业对外直接投资面临的风险

我国实现对外投资转型后最大的风险在于国际碳交易机制下的新兴低碳投资项目。国际碳交易机制下，企业都必须监测自己的年排放量，并缴纳相应的排放许可，每张许可证准许其持有者在一段给定的时间内（通常是一年）排放一定数量污染物,如果要排放超过限额的二氧化碳,则需要付费向排放少于限额的机构购买节省下来的排放许可。虽然低碳投资收益很高,但风险依然存在。在此类投资分析中,风险是指低碳投资的实际收益与其预期收益之间的差异。为便于研究,我们将所有形式的对外低碳投资都转换为不同种类的现金流。虽然碳排放许可(限额)在多数能源产业与交通基础设施产业中只占收入来源的小部分,但其重要性正逐渐显现,并将对企业的投资与发展起到举足轻重的作用。

在传统的投资中,投资者一般以债权与股权等形式来换取项目中的权益以及项目所产生的现金流。低碳项目投资者所取得的收益形式各异:清洁能源项目可生产电能与热能来获取收益,节能项目或是循环再利用项目可节省能源成本。同时,低碳投资项目还可创造非货币形式的社会与环境效益,这些都与项目决策与项目评估相关。低碳投资项目生产的产品与减少的温室气体排放所产生的现金流(CF)可表示为:

$$CF_t = \left[(P_t^1 \times X_t^p) - C_t^1\right] + \left[P_t^2(E_t^b \times X_t^b - E_t^p \times X_t^p) - C_t^2\right] \quad (6.1)$$

其中,P_t^1 表示产品在 t 时间阶段的价格;P_t^2 表示碳排放许可限额在 t 时间阶段的价格;E_t^b 表示在 t 时间阶段的基准碳排放强度(即单位产品能耗限额标准);E_t^p 表示在 t 时间阶段的项目实际的碳排放强度;X_t^b 表示在 t 时间阶段的基准水平产出量(即单位产品能耗限额标准下的产出量);X_t^p 表示在 t 时间阶段的项目实际产出量;C_t^1 表示在 t 时间阶段的生产成本;C_t^2 表示在 t 时间阶段的减排成本(或可称为碳排放许可限额的生产成本)。

以项目为基础的国际碳交易机制下,低于基准排放水平的项目或碳吸收项目,在经过认证后可获得减排单位。该基准排放水平一般是由该行业或产业非项目下温室气体排放数量的平均水平而定的。所以应有:

$$E_t^p < E_t^b \lor X_t^p < X_t^b \quad (6.2)$$

在节能类投资项目中是通过能源消耗减少来相应减少碳排放量(即 $X_t^p < X_t^b$),而可再生能源类投资项目则是直接将碳排放强度控制在基准水平(即 E_t^p)以下实现减排目标。那么式(6.1)中的现金流有两种来源,一类为等式右方的传统投资项目现金流(即 $(P_t^1 \times X_t^p) - C_t^1$),如销售电力收入与总成本差,而另一类额外的现金流则是销售其碳排放权所得,即 $P_t^2 (E_t^b \times X_t^b - E_t^p \times X_t^p) - C_t^2$。但计算这部分现金流时应将销售碳排放权过程中的相关费用剔除。

在低碳投资项目中都应包含这两类现金流。实际产出变量 X_t^p 对于传统投资项目现金流有正效应，但从投资风险管理角度而言对销售碳排放权所得收益则为负效应。如果低碳投资项目确实产生效用，而且两类现金流都保持一定规模，那么项目的总投资收入应是相对稳定的，例如因为由销售电能所降低的收入可以由销售碳排放权的所得来弥补。但只有在该项目投资时事先已存在确定的行业碳排放量（如每年可排放1000吨二氧化碳）时，这种情况才会出现。当该行业只存在相对碳排放强度基准时，实际产出变化将同时影响两种现金流，那么对冲效应将失效。

式（6.1）表示对于可直接或间接实现减排目标的低碳投资项目的风险评估，其中包含大量相互依赖的关键变量。本节重点分析与额外现金流相关的碳交易风险。减排企业通过接受投资的方式来换取所产生的排放权，而投资者可以是根据相关制度建立碳基金的政府、机构等或是对碳排放许可（限额）有兴趣的企业。因此我们作为对外低碳项目的投资者应关注通过碳排放许可（限额）所获得的现金流。在 t 时间阶段内该类现金流（GF）可表示为：

$$GF_t = P_t^2 (E_t^b \times X_t^b - E_t^p \times X_t^p) - C_t^2 \tag{6.3}$$

该类现金流表示的是企业以既定价格销售一定数额的碳排放许可（限额）[1] 收入减去企业的总减排成本。如果在总量管制与交易制度（即配额型交易）下，那么投资不会产生排放许可交易，而只会产生配额结余交易。

国内外很多学者都对以项目为基础的低碳产业投资风险进行了探讨，并把风险进行了不同分类，其中大多数将低碳投资项目的风险划分为技术、经济和政治风险等三个大的类别，而本节则根据式（6.1）把对外低碳投资风险划分为：价格风险，成本风险和数量风险。

6.4.1 价格风险

碳排放许可（限额）的价格是由国际碳交易市场供求情况决定的。供求情况的变化以及消费者对可能变化的预期影响了价格的运动方向。碳排放许可的价格变化情况很难量化，但是我们也从其他排放交易市场选取价格数据，例如，二氧化硫配额市场价格，事实上碳交易价格比二氧化硫交易价格稳定很多。

---

① 基准排放量与项目实际排放量之差。

6.4.2　成本风险

成本风险是指低碳投资项目中的碳排放许可（限额）生产成本的预期不确定性。根据双方的谈判结果，成本应由低碳项目投资者与项目所有者按比例分担，由投资者所承担的成本应包括：传统的项目成本与碳交易成本。其中传统的项目成本包括一般的项目资本，维持与运营的成本等，而碳交易成本则包括联合履约或清洁发展机制下的项目开发、验证、注册成本，同时还应包括减排的监控与验证以及交易等一系列的相关成本。其中项目开发成本因项目类型不同而有差异，但验证、注册与监控成本则差别不大。交易成本一般占碳排放权价值的 5% ~ 10% 。

6.4.3　数量风险

数量风险是指低碳投资项目中可产生的碳排放许可或配额结余的预期不确定性。从式（6.3）中可知，数量风险包括四个因素：基准水平产出量、基准碳排放强度、项目实际产出量和项目实际碳排放强度的变化等。基准水平产出量、基准碳排放强度均取决于基准的种类，如果低碳项目适用的是相对基准（如二氧化碳当量每千瓦时，tCO_2e/kwh），并在项目期间内一直变化，那么基准风险相对较大，如果为绝对基准（如每吨二氧化碳当量，tCO_2e），并一直保持稳定，那么项目基本不存在基准风险。项目实际碳排放强度是指每单位产出的温室气体排放量，它很大程度上由相关技术、环境和社会参数决定。事实上，有相当多的低碳项目本身是没有碳排放强度风险的，如再生能源项目排放强度零的项目。

第7章 我国对外直接投资模式
转型的政策建议

从以上各章的逻辑分析可以发现，低碳经济背景下对外直接投资模式转型是新形势下我国继续参与国际经济活动，抢占新兴产业制高点的必然途径之一，对于我国实现经济增长方式转型具有重要意义。目前，发达国家的低碳投资壁垒兴起，对发展中国家的对外投资模式冲击很大。尤其是由于我国应对低碳投资壁垒的经验匮乏，低碳技术储备也不足，在国际气候谈判中的地位还很弱，因此针对这些问题，我国在对外投资模式转型的过程中要从下面几点入手：

7.1 对接东道国碳排放标准

7.1.1 建立国际碳排放标准信息服务机构

在全球低碳经济背景下，我国对外直接投资也将面临日趋严峻环境规制，部分国家和地区贸易保护主义愈演愈烈，针对中国的贸易摩擦形势更加严峻，与低碳经济相关联的投资壁垒趋于增多。世界上已有多国通过建立一系列碳减排量制度和方式对外国投资设置了不同程度的投资壁垒，如禁止、限制外国投资于高能耗、重污染等高碳行业；或是按照有关规定向某些领域的外国投资收取碳税。在新一轮的国家竞争中，各国新排放标准与约束性政策措施陆续推出，排污收费政策越发严苛严峻形势，有关低碳信息也处于不断更新中。面对复杂的海外投资环境下，跨国公司能力有限，即使事先做过调查，仍不能做到全面可靠，因此需要政府有关部门提供信息服务支持，如东道国的碳排放标准、排污收费政策等方面的信息。另外，政府可以通过专门的信息统计中心和研究所，及时准确地获得一手数据，能够为企业和跨国公司提供真实可信的资料。因此，建立和完善国际低碳信息服务机构是非常必要的。

建立低碳信息服务管理机构提供技术层面的支持和帮助，如对境外投资企业的低碳项目立项建议书和可行性研究报告等。在企业对外投资前期，服务机构应分析各国低碳政策的变化，对世界低碳经济发展情况的调查研究，定期发布世界低碳经济发展报告。同时建立对外投资国别与地区项目库，为企业对外投资收集和提供准确及时的世界国别信息，如各国碳排放标准、碳税等，为企业进行对外直接投资提供环境分析的依据，让企业不再因信息不灵而对"走出去"望而却步。在企业对外投资的中后期，进一步加强与国外商业机构和国际组织的合作，加强与东道国引资促进机构的合作，积极推进与东道国的低碳信息交流。最后，需尽快建立和完善境外投资的信息库，形成信息反馈、情况交流服务的良性机制，为对外投资的企业不断更新低碳相关知识和技术的信息，以适应环境的变化。国际市场瞬息万变，密切关注其他国家低碳市场情况的变化是政府和机构负责人的必备功课，深入学习并研究国际规则和东道国的有关法律条款、政策限制，并通过出版物、网络、研讨会等形式将低碳信息以最快、最准的方式传递给企业，企业可以利用获得的信息来分析利弊，从而选择对其发展有利的投资重点。

7.1.2　成立自助式行业碳排放披露联盟

面对各式各样的碳排放标准，我国对外投资企业有必要成立自助式行业碳排放披露联盟。行业碳排放披露联盟应该积极向东道国环境标准看齐，主动引入东道国能源管理系统，以通过该系统认证，也可向当地能源署提交一份关于能源审计、能源关系系统和节能措施的报告，制定一套符合企业的能源效率措施保障企业减排的收益。并且，行业联盟可同时在企业内部实施能源审计和分析，并依据能源效率的要求，检查大功率用电设备的采购和企业的设计过程。

具体说来，行业碳排放披露联盟的主要责任如下：

第一，制定低碳战略。低碳战略是指以碳风险管理、低碳发展机遇、碳减排目标为轴心的发展策略。一般而言，气候变化的风险包括自然风险（如自然灾害）、法规风险（如新能源法规的产生）、竞争风险（如各种新能源的应用）和声誉风险（如社会环保责任）。在 2007 年的碳信息披露项目（即未公开碳足迹信息或是碳揭露状况不良的公司，将会透过国际金融市场投资者的压力，被要求进行改善）中，有 79% 的公司反映气候变化问题引起公司某些方面的风险。不管是基于行业还是基于产品差异的不同的企业或部门以及利益相关者，都意识到了气候变化可能带来的风险。气候变化创造新的机遇是指低碳作为新兴产业，技术开发和低碳产品生产、销售都还未成熟，企业能以低碳方面的突破获取更大的市场份额。行业碳排放披露联盟应协助对外投资企业制定低碳发展战略，促使更多的公司将低碳技术或低碳产品的发展融入公司的长远发展战略目标中，切实将减排意识转为减排行动。

第二，碳减排核算。碳核算方法包括选择碳核算方法、报告编制碳减排会计、审计和外部鉴证；比较年度间碳排放差异、温室气体直接减排和间接减排的吨位数等。温室气体减排核算还包括各个国家的碳排放额度和具体的减排任务以及各个国家内部各企业的减排数量。

第三，碳减排管理。碳排放管理是以减排项目、排污权交易、能源成本、排放强度、减排规划为主要内容的碳目标管理系统。其中减排项目包括确定减排基准年份、明确的减排数量以及实现减排目标资金、技术、成本等；减排强度是指公司历史排放与当前减排差额以及如何实现减少减排差额来完成减排数量的；减排规划主要是指确定和预测公司将来的减排目标、减排目标的影响因素等，并将相关事项融入企业的融资、投资决策中等内容。

7.2 推动低碳技术寻求型对外直接投资

7.2.1 改革科研体制，加强低碳技术研发

要想在国际市场上取得长久的竞争优势，科技研究和知识产权的保护就显得尤为重要。在有利的技术环境中，低碳技术的不断创新是跨国公司及企业长远发展的内在生命力，而知识产权的保护则为其提供了良好的保障机制和激励机制，保障跨国公司及企业收益的实现，激励企业不断进行科研努力。

目前，我国现行的科技体制决定了我国的科学研究与国民经济实际需求之间存在较大的距离，低碳技术研究选题经费主要从政府的财政预算中拨付，选题主要由科研院所自行筛选上报，使其多局限于纯理论研究和实验室研究阶段，很少涉足国民低碳经济实际发展和企业经营中迫切需要解决的问题，导致众多科研成果不能服务于微观经济发展的要求。同时，现有的投入方式和投入结构"封闭分立型"特点严重制约了我国低碳科技成果向低碳产业化转换，企业的研发经费更倾向于实现低碳型产品市场化目标，而政府投入的项目更为注重国家低碳发展的总体战略目标，对介于市场目标与战略目标之间的研发则存在着严重的双重缺位问题。因此，要不断改革现有的科研体制，充分利用本国优势的技术资源和人才资源。突破我国当前对外国低碳技术的路径依赖实现我国低碳技术的自主创新，科技投入必须呈倍增性的增长，要提高我国的科技

投入总量，转变科技投入结构，提高科技投入的效率、鼓励更多的社会力量进入低碳科技领域。政府还可以向民间资本开放国家科研基地，允许非国有资本投资、租赁或者有条件地买断国家实验室等。当然，在利用好国内低碳科技资源的同时，也要加大对国际低碳研发资源的利用。

有无知识产权是衡量能否建立低碳技术新产业的标准。只有发挥知识产权制度作用，提高知识资产管理能力，加强知识产权保护的执法和监督机制才能调动科研院所、先进企业的积极性，努力实现低碳技术的率先发展，为低碳型对外投资企业的技术升级和改造提供保障。可采取的措施有：将我国目前拥有的具有世界水平的专利低碳技术进行国际注册，把这些在发达国家注册的专利低碳技术进行产业化研究和生产，对于已经成功实现商品化的我国低碳创新产品，进行全球范围的技术标准制定和市场制度规范需求的制定，从根本上巩固对外投资企业的竞争主体地位。

7.2.2　为低碳技术寻求型对外投资提供财税支持

对外投资税收激励政策的最主要的内容就是给予的税收优惠，不仅可以提升对外投资企业的积极性，还有利于国家对投资产业和区域的引导和调整。如美国所采取的对本国产品国外加工后重新进口免征关税的规定就是为了鼓励企业在劳动力廉价的发展中国家建立生产基地。低碳技术寻求型对外直接投资企业为了在发达国家获取低碳核心技术，而具有投资额大、投资回收期长、短期获利小的特点。财税支持尤为重要。

对低碳技术寻求型对外投资企业实行税收减免政策。对企业取得的收益暂时单独纳税或盈亏互抵，不要求并入国内母公司进行汇算清缴。为了避免双重征税，分别采取税收直接抵免（即企业在东道国已缴纳的税款予以扣除）、间接抵免（即企业间接缴纳的外国所得税所给予的抵免）、税收饶让（即我国放弃征税权，允许东道国征税，是一种比税收抵免更为优惠的税收政策，适用于以国企为投资主体或"科研机构＋金融机构"模式）、延期纳税、免税等不同的财税政策，同时对这类企业在国外生产的产品进口时免进口税，对设备的进出口免税，以鼓励获得低碳核心技术的产品和设备能以最低成本转移至国内，减少企业的交易成本和制度成本。

拓宽低碳技术寻求型对外投资企业的融资渠道。在企业跨国经营的过程中可能会遇到各种各样的困难，尤其"融资难"是主要障碍，对技术寻求型对外投资更是如此，由于缺乏对低碳技术国际投资经验，投资风险很大，特别是对中小企业来讲，资金实力较弱，并且信誉没有大型企业好，在银行等金融机构融资更是难上加难。虽然，我国已经为企业提供了如中央外贸基金、援外优惠贷款以及援外合资合作项目基金等金融支持手段，但仍未形成一个相对完整的金融支持体系。这种情况下，低碳发展潮流要求我国政府积极采取措施，形成一个完整的低碳金融支持体系，促进商业银行放贷或者直接给予跨国企业一定的资金支持。

首先，放松对低碳技术寻求型对外投资企业的金融控制和外汇管制，提供更广泛领域的出口信贷、降低企业的贷款融资利率和保险费率，赋予其必要的海内外融资权，鼓励企业灵活运用发行股票、债券及国际信贷等多种方式在国际金融市场上融资，简化境外放贷的审核程序和环节。放松资本项目外汇管制审批权限，允许低碳技术企业在缺少外汇资金的情况下对优质投资项目实行购汇措施，简化用汇审批程序，完善技术获取型对外直接投资企业流动资金贷款的管理条例，使跨国公司能够在较短时间内注入资金。例如在跨国企业创业的初期，无盈余供企业再投资时，适当放松外汇管制，给予企业较大的自主权，允许企业的外汇资金在内部调整。尤其是我国目前所拥有的高额外汇储备使我国有条件提供政策性的优惠和用汇上的便利等这些金融支持措施，而且可以更好地运营外汇储备资产，从而缓解巨额外汇储备所带来的人民币升值的压力。

其次，对那些资金不足却又有好的项目的企业（如掌握某一小部分关键的低碳技术的企业），政府还可以设立专项资金为其提供低息政府贷款，为其提供金融支持。例如，号称经济高度"自由化"的美国，对其企业的海外投资却设有专门银行（美国进出口银行），为其提供资金援助，在该银行的海外开发资源项目中，为对外投资企业按其成交额的45%提供贷款。我国也可以设立类似的援外优惠贷款或者援外合作项目基金等。同时建立健全这些金融支持社会辅助体系，如完善其资信评估结构、投资融资信息服务结构，支持其风险融资方式等加强金融支持力度。

进一步拓展税收协定签订领域。为了更进一步的鼓励低碳对外投资，中国需要同更多掌握关键低碳技术的发达国家签订税收协定来简化对外投资企业面临的国际税收问题。目前，中国已同80多个国家签订了避免双重征税的税收协议，占所有与中国有贸易往来的国家和地区的39%，这显然对于我国企业的对外投资活动有一定的帮助，但比例还过小，今后要进一步拓宽税收签订领域简化低碳技术寻求型企业面临的国际税收问题。

7.3　积极参与国际气候政策制定

7.3.1　继续促进国际气候公约框架内的多边谈判

针对肆虐全球的金融危机和经济衰退以及日益突出的环境气候问题，美国政府实施绿色经济政策，采取绿色能源政策和倡导低碳经济转型，以期在新一轮的国家竞争中保持霸主地位，拉开了国际"低碳谈判"的序幕。中国必须在《联合国气候变化框架公约》和《京都议定书》等国际法框架内继续进行双边和多边外交谈判，以继续赢得国际话语权和抢占发展低碳经济的制高点的外交策略。

从公约演化的总体进程来看，中国需要在谈判中发挥更为重要的作用，加强参与程度。根据现在的国际形势可以看出，虽然存在复杂的利益关系，但以欧盟、美国为首的发达国家集团以及"77 国集团加中国"的发展中国家的三支政治力量基本上是决定公约演化进程。尽管代表"77 国集团加中国"利益维护的常常是"77 国集团"的轮值主席国，但中国通过艰苦的内部协调工作，以其大国的国际地位，实际上承担了发展中国家的协调员和阵营领导者的职责。中国一方面必须首先在关键问题上坚持原则立场，毫不退让，其次要采取更为灵活的策略来争取更广泛的国际支持。特别是与欧美地区发达国家的抗衡中，必须积极努力争取和保护本国合理权益。在参与谈判的过程中，中国不应该仅仅发表原则性的声明来表明自己的立场，还应该在一些具体问题提出建设性意见。例如，积极促成与西方发达国家就低碳减排技术的三个灵活机制和发达国家对发展中国家的资金援助和技术转让等问题进行谈判，并争取写入正式文本。

7.3.2　利用国际峰会参与气候政策制定

在节能减排的背后，真正驱动大国在低碳经济博弈的内在动力实际上是巨大的经济得失和国际地位的更迭。如果一个国家一旦在某个领域形成竞争优势，那么它必然会依托这一优势制定有利于自身的行业标准和产品标准，从而塑造新的国际分工格局。因此，在低碳经济背景下，中国对外直接投资要面对的复杂现实问题是如何找到各国利益的平衡点，寻求国际间的友好合作。如果不迎头赶上，则很可能在新一轮国际分工中被边缘化，从而成为国际规则的被动接受者。

因此，我国应积极参与国际气候政策和低碳规则的制定，利用"经济大国能源与气候论坛"、集团峰会和有关国家能源科技部部长会议等重要国际会议和高层领导会晤的契机，构建在环境和能源等领域的政治优势，谋求中国在解决国际事务中的话语权，参与国际气候政策规制的制定，为我国的企业对外投资争取更好的投资环境。政府应当积极参加有关国际投资的公约，签署更多有利于低碳型对外投资企业的协定，同时通过与"金砖四国"等其他新兴大国的协调配合，保护"走出去"企业的利益。例如，韩国为了减少企业在海外直接投资风险度，韩国政府积极与有关国家签订投资保障协定，防止双重征税协定，积极支持设立多边投资担保机构（MIGA），同时韩国还是《汉城公约》、《多边投资担保机构公约》和《华盛顿公约》的签署国。气候变化不仅只是一个环境问题，同时也是一个关乎全球的政治问题和发展问题。气候制定进程的最终目的是要维护全球利益，关键在于现实减排义务和成本的分担。中国必须继续积极参与气候政策制定，增强参与程度，提高参与能力，力争发挥更大的作用。中国只有参与制定气候政策，尤其是国际规章的制定及其修改过程，才能更好地维护中国的利益，并提高中国在国际事务中的作用。虽然在经济领域内，国际经济体系的规则制定者是西方国家，中国要修改其中规则异常艰难，也相当有限。但是在国际环境制度仍在建设起步的时期，即使发达国家在政治、经济、科技实力等方面处于支配地位，发展中国家在其演化发展进程中仍然有很大的作为空间。因此，中国应力争在气候政策制定上发挥主导作用。

7.4　控制低碳对外直接投资风险

7.4.1　为低碳型对外投资提供法律支持

要推动低碳型对外投资的快速发展，首先就要制定和完善相关法律，"法"是依据和根本，但是现阶段我国的对外投资法律法规，门类残缺不全，且出自多个部门。如国家外汇管理局 1989 年颁布《境外投资外汇管理办法》，对外经贸部 1993 年颁布《境外投资企业的审批程序和管理办法》，财政部 1996 年颁布《境外投资财务管理暂行办法》，商务部、国家统计局、国家外汇管理局 2010 年颁布的《对外直接投资统计制度》，这种状况已经成为我国境外投资健康有序发展的一大制约因素。因此，在跨国公司对低碳产业对外投资过程中，必须制定完善的相关法律作保障，保证跨国投资有序地进行。我国政府应在世界贸易组织的总法律规则下，借鉴其他国家和地区经验（如韩国于20 世纪 70 年代就已经制定了《扩大海外投资方案》等法律条例），不断完善企业对外投资的各项相关法律法规，从而保证我国跨国公司健康稳定的发展。

从宏观层面上来说，应加强对外投资法制化建设。2000 年之后，虽然我国对外投资政策体系发生了重大改变，在一定程度上放宽了审批权限、简化了审批环节，但大多是以国务院各部门的政策形式出现，缺少一部纲领性、权威性的法案，从整体上协调我国对外投资政策体系。因此，政府需制定和完善《对外直接投资法》、《对外直接投资公司法》及其他相关法律、法规。根据国际化、便利化和市场化原则，以法律性文件取代政策性文件，对境外投资企业的审批程序、资金汇出、技术转让、企业管理、利润汇回、争议解决等做出原则规定，真正做到有法可依。

从中观层面上来说，不仅要有纲领性的法案的指导，还需要就具体低碳事务作出规定。例如，在《对外直接投资法》基础上，由商务部低碳事务管理部门以现有国际惯例为准则，制定《海外低碳产业投资管理办法》，对低碳技术型对外投资的投资主体、投资形式、审批方式、资金、技术、争议解决方面做出原则性规定，对处于产业链高端的、掌握低碳先进技术的跨国公司在审批程序、资金融通、技术转让、利润汇回等方面做出政策性的倾斜，对不符合国内低碳经济发展需求的企业，制定退出程序，避免资源浪费。同时，由于我国在境外低碳投资的制度经验和实践经验都不够丰富，在对制定《海外低碳产业投资管理办法》时，可先由商务部低碳事务管理部门制定草案或暂行办法，实施一段时间后再总结经验、予以完善，上升为法律规定。

7.4.2　完善海外低碳投资的监管体系

低碳对外投资由于投资风险大而形成了以国有资本投资为主、民营资本投资为辅的特点，为了防止国有资产的流失，民营资本外逃和境外非法经营等问题，加强政府的监督与管理职能，构建低碳投资的监管体系，是海外投资健康发展的保证，也是维护国家经济利益的需要。

针对目前我国海外资产管理混乱的现状，首先明确国资委的海外国有资产专门管理机构资格，并在国资委下设低碳境外投资资产管理部，代表母国政府行使出资人的权利和对企业重大事项的监察权力，可要求海外投资公司企业定时向政府部门公开和披露法定信息，政府则根据披露的信息来充实统计指标，完善对外投资的统计制度，从而提高宏观调控和监测能力。

及时跟踪监管具体的低碳投资项目。低碳海外投资项目启动以后，享受各种各样的国家优惠政策，为了避免跨国公司及企业借其优惠进行其他活动，必须加强跟踪监管，由监管机构评价与考核跨国公司的经营情况，考察其技术是否升级，是否有利于发展我国低碳经济，是否有利于国内产业结构调整。同时，结合境外投资低碳业务形势的变化，充分利用并完善境外投资联合年检及综合绩效评价工作，适当调整年检内容，通过财务审计报告、企业报表等途径了解企业的真实运营情况，加强动态管理，并根据考察结果采取相关措施：如在境外投资管理系统中记录经营状况良好、碳技术得到突破的企业；限制经营状况不良企业境外的再投资。

此外，还需对海外投资低碳产业的企业进行事后管理，主要是指对外投资企业撤资后的资金回收管理。为防止有些人借海外直接投资名义，把国内资金转移到国外，把用于鼓励低碳技术的资金挪为他用，政府需对撤资企业的资金回收进行严格管理。要求海外低碳型投资者必须向管理部门提交汇款单、货物凭证、购买外汇证券证明、购买外汇债券证明、海外直接投资合同书、本金回收报告书、年终结算报告书、资产变动报告书、海外直接投资清算报告书等各种有关报告书。如果发现海外投资者违反有关规定，把资金挪用到其他违反规定事项时，将给予相应的制裁，情节严重的，可以做出撤销境外投资企业的决定。

7.4.3 建立低碳型对外投资保险制度

低碳对外投资由于投资风险大，普通投资保险业务远远不能适应其需要，必须按照国家惯例设立专门的风险投资保险制度，形成合理的分散风险机制。目前，我国已经进行了一些尝试，如中国出口信用保险公司设立了境外投资保险制度。但这还远远不够，特别是低碳技术寻求型投资是服务于国家战略的高风险投资，需鼓励开设更多的各类保险机构、开发更好的保险产品，进行更多的业务创新、促进最大限度地利用私人资本，开展再保险计划，最大限度地利用商业金融资本，如与金融机构以及各类商业保险公司签订再保险合同，为合格投资者的合格投资保险提供再保险服务。同时，当国内投资保险服务供应不足的时候，充分利用国际资源，充分利用多边投资担保机构的再保险网络，扩大保险容量，同时用足多边投资担保机构的国别担保额度，来确保低碳型对外投资企业的发展。

在保险范围方面，除包括禁兑险、征收险、战争险、营业中断险、延期偿付险、政府违约险、政府行为险以外，还要注意吸收一些国家关于技术封锁险的新规定；在投资者的合格性上，对低碳型本国公司和外国公司的合格性应给予宽松的规定；且应把自然人作为合格的投资者；在投资的合格性上，应以是否有利于本国和东道国低碳经济发展为合格性的审查原则；在投资的东道国适合性上，应实行单边投资保险制为主，对投资于未建交国家和高风险国家的企业实行强制投保；在承保程序上，应特别注意必须经东道国政府的批准；在索赔问题上，需规定凡与我国缔约双边条约的，以境外低碳投资保险机构来代理实施求偿权，对无双边条约的，以外交保护权名义行使求偿权。同时，我国境外投资保险制度应高度重视国际协调。双边投资协定既可以加强与维护国内保险制度的效力，扩大国内投资保险的范围，而且可以更及时地行使代位求偿权，使投资争议尽快解决。

　　在风险担保资金方面，可以借鉴其他国家的一些经验，如设立海外投资风险基金或海外投资损失准备金制度，设立多种扶持性基金或建立"以奖代补"机制。对符合国家经济低碳发展战略但投资风险很高的对外投资给予补偿的形式分担其风险；对成功掌握低碳核心技术或先进技术的企业，经权威部门技术认定后，给企业支付奖金。如美国海外私人投资公司（OPIC）通过利用美国发达的投资基金来支持本国小企业基金，从而间接支持美国小企业开展跨国经营。日本和我国台湾地区也有海外投资损失准备金制度，政府和参与该制度的企业分摊准备金。在一定范围内，企业海外投资的部分损失可得到补偿，如因不可抗力因素（自然灾害等）造成的损失可享受高比例补偿，参与的企业还可以从中申请一定比例的资金进行海外再投资。

第8章 结 论

本书通过对低碳经济背景下发达国家跨国企业涉猎的新兴投资领域的阐述，提出我国潜在的模式转型方向，并从国际碳公约的发展轨迹以及国内减排压力的双重视角出发，阐明了我国对外投资模式转型的必然性。进一步地，本书以低碳发展机遇、企业清洁技术创新动力、社会福利与减排收益为立足点，从理论上初步探明了我国对外投资转型的可行性。最后，本书提出了低碳经济背景下重构我国对外直接投资模式的路径选择及可能面临的风险。总的来说，本书结论可以归结为以下几点：

（1）理论上，低碳约束提高了企业碳交易的机会成本，有利于加强企业碳减排力度；跨国企业采用低碳技术生产清洁产品不仅可以弥补碳税导致的成本上升，并且使企业获得更高的利润及正的社会福利。

在低碳约束条件下，企业碳交易的机会成本的提高有利于提高企业研发成功概率及减少企业碳减排成本。而当市场上的消费者对产品环境质量具有不同偏好时，进行低碳技术研发的跨国企业获得利润的可能性比不进行低碳技术研发的企业高。在社会福利方面，在给定东道国技术溢出率与排放定价后，本书通过构建模型计算了企业进行减排技术创新所能获得的高于企业收益的额外社会收益。分析表明，当价格不变时，降低成本将促进减排水平的提高，在外生式环境政策的作用下，更多的技术创新将导致社会福利的增加。

（2）从客体动力、主体动力两个维度剖析了我国对外投资转型的动力机制。气候政策趋势对我国传统对外投资模式的冲击是模式转型的客体动力，而主体动力则体现在我国开展新型对外投资的潜在收益及国内碳减排的内在要求上。

客体动力方面，以经典规制控制理论为支撑，通过建立 Moldina 两阶段动态博弈模型预测了国际气候政策变化的趋势。博弈结果表明，在二氧化碳减排上具有比较优势的企业运用进攻性的威慑战略推动碳公约模式转型，诱使规制方采用刚性的碳公约模式，逼迫劣势企业的大幅增加责任减排量，而高标准的实施可能导致劣势企业因亏损而退出市场。我国跨国企业低碳技术水平低且难以通过自主研发削减污染，加之中国的新能源开发尚不具备规模，这种情况下转变对外直接投资模式是我国获取核心技术应对国际气候政策严格化的现实选择。主体动力方面，低碳约束为我国对外直接投资转型提供了潜在收益，开展新型对外投资有利于我国跨国企业寻求低碳技术、避开碳关税壁垒以及创新补偿获得竞争优势。主体动力还体现在国内碳减排的内在要求上，通过计量方法对中国国内的碳排放库兹涅茨曲线（CKC）进行回归分析，实证研究表明，我国以二氧化碳为指标衡量的环境水平还处在 CKC 曲线拐点的左端。我国应利用对外直接投资的发展空间，顺应趋势，寻求先进低碳技术促进国内产业结构升级与碳排放的降低。

（3）在低碳经济背景下，转变对外投资模式是我国应对全球低碳约束的有效策略。我国对外投资模式转型的路径应以低碳技术为突破点，重点考虑投资产业、投资方式与投资主体的选择。

低碳经济背景下我国对外直接投资路径选择主要可从以下几个方面进行：在投资产业的选择上，我国对外直接投资产业选择可参考能源保障基准、学习与技术寻求基准、市场寻求基准，中国对外直接投资应重点投向新能源技术开发、洁净煤技术开发与应用、碳捕获和封存技术（CSS）等发展低碳经济的关键技术领域；在投资主体的选择上，由于大型企业集团拥有雄厚的资金，较完善的治理结构，具有较强的抗风险能力，低碳经济背景下我国对外直接投资宜应使用以大型企业集团为主、中小企业为辅策略；在投资方式的选择上，跨国并购的对外投资方式是中国传统行业的考虑重点。核心技术通过技术贸易是很难获得的，而通过跨国并购的方式可以将拥有先进低碳技术的欧美日等发达国家的企业直接收为己用，获得其技术和相关生产设备，迅速进入市场，同时还可以优化市场竞争环境。但是在对外直接投资模式转变的过程中，我国传统产业与低碳产业对外投资均面临着诸多风险。

（4）推动对外投资模式转型应从对接东道国碳排放标准、推动低碳技术寻求型对外投资、参与国际气候政策制定、控制低碳对外投资等方面提供政策支持。

第一，在全球低碳经济背景下，我国对外直接投资将面临日趋严峻环境规制，跨国公司由于能力有限，对复杂的海外低碳约束不能做到十分了解，因此，建立和完善国际低碳信息服务机构非常必要，同时我国对外投资企业有必要成立自助式行业碳排放披露联盟，积极向东道国环境标准看齐。

第二，低碳技术寻求型对外投资有利于获取发达国家先进的低碳技术实现企业的节能减排，需要为跨国企业的低碳技术获取和研发提供良好的保障机制和激励机制，并为低碳技术寻求型对外投资提供财税支持。

第三，清洁技术优势国正努力推动刚性的碳公约模式，逼迫劣势企业的大幅增加责任减排量，我国作为清洁技术劣势国，应积极参与国际气候政策和低碳规则制定，利用重要国际会议和高层领导会晤的契机，谋求中国在国际环境事务中的话语权，促进国际气候公约框架内的多边谈判，构建在环境和能源等领域的政治优势，为我国的企业对外投资争取更好的投资环境。

第四，低碳对外投资面临着数量风险、成本风险和价格风险。控制低碳对外投资风险首先要制定和完善相关法律，对境外低碳投资企业的审批程序、资金汇出、技术转让、企业管理、利润汇回、争议解决等做出原则规定，同时需要建立和完善海外低碳投资的监管体系和保险制度。

当然，本书在许多方面仍有需要进一步完善或者改进的地方：

其一，跨国投资行为的研究始于发达国家，主要阐述了以主体优势为基础的对外直接投资理论，很好地解释了发达国家的对外直接投资行为。本书立足于低碳经济背景下我国的对外投资模式转型问题，因此，本书在考察对外投资的研究中加入了"低碳背景"与"发展中国家"两个创新因素，造成了本书写作的困难与不足：低碳经济背景下，我国对外投资模式尚未转型，在清洁产业领域的对外投资数据仅限于最近几年，统计口径也不一致，本书只能进行一些统计描述，未能针对我国低碳对外投资对国内产业结构、技术进步、碳排放等方面的影响进行计量分析，更多的是借助于理论逻辑上的推导论证转型的必要性和可行性。本书理论初探后的结论还要等待现实的检验，这是笔者以后需要进一步研究的方向。

其二，本书在分析我国对外投资模式转型的内部必然性时，考察了我国的碳库兹涅茨曲线以及影响我国碳排放的其他因素。受对外直接投资统计数据年限较短以及我国省份数据大量缺失的影响，样本容量很有限，无法进一步扩充样本分析对外投资模式转型后是否有利于我国碳库兹涅茨曲线拐点的提前到来。今后对上述数据库的不断完善以作进一步分析也是将来研究的一个方面。

其三，本书对我国对外投资模式转型的路径选择中强调了低碳技术寻求为目的对外直接投资。鉴于我国对外投资的起步很晚，流向发达国家的技术寻求型对外投资更晚，因此本书具有一定的时间局限性，该观点多为尝试性或讨论性。低碳技术寻求型对外直接投资是一个非常具有创新性的问题，对此问题的不断发掘与修正将是笔者今后需要不断努力的方向。

　　总之，对于书中存在的上述问题，笔者将通过不断地学习与探索，力争在今后的研究中加以完善。

参 考 文 献

[1] Kindleberger, Charles P.. Business abroad: Six lectures on direct invest-
ment [J]. New Haven: Yale University Press, 1969: 56 – 72.

[2] Johnson P. S. . New firms: an economic perspective [J]. London and
Boston: Allen & Unwin, 1968: 102 – 107.

[3] Buckley P. J. , M. Casson. A Theory of International Operation [J].
North Holland Amsterdam, 1976 (8): 230 – 234.

[4] Louris Wells. Developing Country Investors in Indonesia [J]. Bulletin of
Indonesian Economic Studies, 1979, 15 (1): 69 – 84.

[5] Kogut B. , Chang J. , Technological Capabilities and Japanese Foreign Di-
rect Investment in the United States [J]. The Review of Economics and Statistics,
1991 (41): 401 – 414.

[6] Xing Yuqing, Kolstad, Charles. Environment and Trade: A Review of
Theory and Issues [J]. Santa Barbara, 2005 (8): 46 – 48.

[7] Wheeler D. . Racing to the Bottom? Foreign Investment and Air Pollution
in Developing Countries [J]. Journal of Environment and Development, 2001, 10
(3): 224 – 245.

[8] Duerksen C. , Leonard H. J. . Environmental Regualtions and the Location
of Industries: An International Perspective [J]. Columbia Journal of Word Busi-
ness, 1980 (8): 52 – 68.

[9] Gray H. , Waltef. Investment-reIated 1tade Distortions in Petrochemicals
[J]. Joumal of World trade Law, 1983 (17): 283 – 307.

[10] Jie He. Pollution Haven Hypothesis and Environmental Impacts of For-
eign Direct Investment: The Case of Industrial Emission of Sulfur Dioxide (SO_2) in
Chinese Provinces [J]. Ecological Economies, 2006 (3): 89 – 97.

[11] Eskeland G. , Harrison. Moving to greeller pastures? Multinationals and

the pollution haven hypothesis [J]. Journal of Development Economics, 2003 (70): 1 –23.

[12] Dean J. M. et al. . Are Foreign Investors Attracted to Weak Environmental Regulation? Evaluating the Evidence from China [J]. World Bank Working Paper, 2004 (1): 3055 –3075.

[13] Beata K. , Smarzynska, Shang Jin Wei. Pollution Havens and Foreign Direct Investment: Dirty Secret or Popular Myth? [J]. National Bureau of Economic Research, 2001 (5): 102 –119.

[14] Keller W. , Levinson. Pollution abatement costs and foreign direct investment inflows [J]. Review ofEconomics and Statistics, 2002, 84 (4): 691 –703.

[15] Andrew K. , Jorgenson, Thomas J. Burns. The political economic causes of change in the ecological footprints of nations, 1991 – 2001: A quantitative investigation [J]. Social Science Research, 2007, 36 (2): 834 –853.

[16] Richard Perkins, Eric Neumayer. Transnational linkages and the spillover of environment-efficiency into developing countries [J]. Original Research Article Global Environmental Change, 2009, 19 (3): 375 –383.

[17] Julio Sánchez Chóliz, Rosa Duarte. CO_2 emissions embodied in international trade : evidence for Spain [J]. Energy Policy , 2004, 32 (18): 1999 –2005.

[18] Machado Q. Schaeffer R. , Worrel E. . Energy and carbon embodied in the international trade of Brazil: an input-output approach [J]. Ecological Economics, 2001 (39): 409 –424.

[19] Shui Bin, Harriss C. . The role of CO_2 embodiment in US-China trade [J]. Energy Policy, 2006 (34): 4063 –4068.

[20] Li You, Hewitt C. N. . The effect of trade between China and the UK on national and global carbon dioxide emissions [J]. Energy policy. 2008, 36 (6): 1907 –1914.

[21] Michael. E. Porter, Claas van der Linde. Toward a New Conception of the Environment-Competitiveness Relationship [J]. The Journal of Economic Perspectives, 1995, 9 (4) : 97 –118.

[22] Van Der Linde. C. Micro-economic Aspects of Environmental Policiesand

Competitiveness. OECD, 1993.

[23] Irene Henriques, Perry Sadorsky. The Determinants of an Environmentally Responsive Firm: An Empirical Approach [J]. Journal of Environmental Economics and Management, 1996, 30 (3): 381 – 395.

[24] Adam B. Jaffe, Steven R. Peterson, Paul R. Portney, Robert N. Stavins. Environmental Regulation and the Competitiveness of U. S. Manufacturing: What Does the Evidence Tell Us? [J]. Journal of Economic Literature, 1995, 33 (1): 14 – 25.

[25] David T. Coe, Elhanan Helpman. International R&D spillovers [J]. European Economic Review, 1995, 39 (5): 859 – 887.

[26] Magnus Blomström, Ari Kokko. Multinational Corporations and Spillovers [J]. Journal of Economic Surveys, 1998, 12 (3): 247 – 277.

[27] Magnus Blomstrom Edward N. Wolff. Multinational Corporations and Productivity Convergence in Mexico [J]. WorkingPaper, No. 3141, 1994, 1 – 23.

[28] R. G. Pearson, L. J. Benson. The role of drift and effect of season on macroinvertebrate colonization of implanted substrata in a tropical Australian stream [J]. Freshwater Biology, 1987, 18 (1): 109 – 116.

[29] Alyson Warhurst, Richard Isnor. Environmental issues for developing countries arising from liberalized trade in the mining industry [J]. Natural Resources Forum, 1996, 20 (1): 27 – 35.

[30] Nancy Birdsall, David Wheeler. Trade Policy and Industrial Pollution in Latin America: Where Are the Pollution Havens? [J]. The Journal of Environment Development, 1993, 2 (1): 137 – 149.

[31] Avinash Dixit Gene M. , Grossman Elhanan Helpman. Common Agency and Coordination: General Theory and Application to Government Policy Making [J]. The Journal of Political Economy, 1997, 105 (4): 752 – 769.

[32] Faye Duchin, Glenn Marie Lange, Georg Kell. Technological change, trade and the environment. Ecological Economics, 1995, 14 (3): 185 – 193.

[33] Gunnar S. Eskeland, Ann E. Harrison. Moving to Greener Pastures? Multinationals and the Pollution Haven Hypothesis [J]. World Bank Policy, 1997 (2) : 39 – 55.

[34] Allen Blackman, Xun Wu. Foreign direct investment in China's power

sector: trends, benefits and barriers [J]. Energy Policy, 1999, 27 (12): 695 – 711.

[35] Lyuba Zarsky Havens. Halos and spaghetti. untangling the evidence about foreign direct investment and the environment [J]. Foreign Direct Investment and the Environment, 1999 (3): 47 – 74.

[36] Petra Christmann, Glen Taylor. Globalization and the Environment: Determinants of Firm Self-Regulation in China [J]. Journal of International Business Study. 2001, 32 (3): 439 – 458.

[37] Jeffrey A. Frankel, Andrew K. Rose Is Trade Good or Bad for the Environment? Sorting Out the Causality [J]. The Review of Economics and Statistics, 2005, 87 (1): 85 – 91.

[38] Xian Guoming. Cross Border Environment Management and Transnational Corporation: The Case of China [J]. Copehagen Business School, 1999.

[39] Wang, Hua, Jin Yanhong. Industrial ownership and environmental performance: evidence from China [J]. Policy Research Working Paper, 2002 (2936): 1 – 29.

[40] Liang Feng, Helen. Does foreign direct investment harm the host country's environment? Evidence from China [J]. Working Paper, 2006, 2569: 1 – 33.

[41] Karani P. . Technology Transfer to Africa Constraints for CDM Operations [J]. Refocus, 2002 (5): 20-23.

[42] Fankhauser Samuel, Lavric Lucia. The investment climate for climate investment: Joint Implementation in transition countries [J]. Climate Policy, 2003, 3 (4): 417 – 434.

[43] Niederberger, Anne Arquit, Raymond Saner. Exploring the Relationship between FDI Flows and CDM Potential [J]. Transnational Corporations, 2005 (14): 11 – 41.

[44] Dunning, McKaig Berliner. The geographical sources of competitiveness: the professional business services industry [J]. Transnational Corporations, 2002, 14 (1): 8 – 21.

[45] P. Christopher Zegras. As if Kyoto mattered: The clean development-mechanism and transportation. Energy Policy, 2007 (6): 36 – 50.

[46] Anderw K. Jorgenson. Does Foreign Investment Harm the Air We Breathe and the Water We Drink [J]. Organization Environment, 2007 (20): 137 – 156.

[47] Perkins, Neumayer. Fostering Environment-efficiency through Transnational Linkages? Trajectories of CO_2 and SO_2, 1980 – 2000 [J]. Environment and Planning, 2008 (40): 2970 – 2989.

[48] Perkins, Neumayer. Transnational Linkages and the Spillover of Environment-efficiency into Developing Countries [J]. Global Environmental Change, 2009 (19): 375 – 383.

[49] Peter Grimes, Jeffrey Kentor. Exporting the Greenhouse: Foreign Capital Penetration and CO_2 Emissions 1980 – 1996 [J]. Journal of World-systems Research, 2003, 3 (2): 261 – 275.

[50] Yasmine Merican, Zulkornain Yusop, Zaleha Mohd Noor, Law Siong Hook. Foreign Direct Investment and the Pollution in Five ASEAN Nations [J]. Journal of Economics and Management, 2007 (1): 245 – 261.

[51] Joysrl Acharkyya. FDI, Growth and the Environment: Evidence from India on CO_2 Emission during the Last Two Decades [J]. Journal of Economic Development, 2009 (6): 43 – 58.

[52] Tom Kerr, Ian Havercroft, Tim Dixon. Legal and regulatory developments associated with carbon dioxide capture and storage: A global update [J]. Energy Procedia, 2009, 1 (1): 4395 – 4402.

[53] Weber C. L., Peters G. P., Guan D., Hubacek K.. Thecontribution of Chinese exports to climate change [J]. Energy Policy, 2008 (6): 1 – 6.

[54] Wang T., Watson J.. Who owns China's Carbon Emissions? [J]. Tyndall Centre For Climate Change Research, Sussex UK, 2007.

[55] Li You and Hewitt. C. N. The effect of trade between China and the UK on national and global carbon dioxide emissions [J]. Energy Poliey, 2008 (36): 1907 – 1914.

[56] Radoslaw. L. Stefanski. Essays on Structural Transformation in International Economics [J]. The University of Minnesota. Minneapolis, 2009.

[57] Baumol W. J., Oates W. E.. The Theory of Environmental Policy [J]. London: Cambridge University Press, 1988: 89 – 102.

[58] Ben-David S., Brookshire D. S. Heterogeneity, irreversible production

choices, and efficiency in emission permit markets. Journal of Environmental Economics and Management, 1988, 38: 176 – 194.

[59] Bohm P. . Experimental evaluations of policy instruments. In K. G. Maler and J. R. Vincent (eds.), Handbook of Environmental Economics, 2003 (1): 437 – 460.

[60] Cramton P. , Kerr S. . Tradeable carbon permit auctions: How and why to auction not grandfather [J]. Energy Policy, 2002, 30: 333 – 345.

[61] Downing P. B. , White L. J. . Innovation in pollution control Journal of Environmental [J]. Economics and Management, 1986 (13): 18 – 29.

[62] Fischbacher U. . The tree: Zurich toolbox for ready-made economic experiments [J]. Experimental Economics, 2007 (10): 171 – 178.

[63] Fischer C. , Parry I. W. H. , Pizer W. A. . Instrument choice for environmental protection when technological innovation is endogenous [J]. Journal of Environmental Economics and Management, 2003 (45): 523 – 545.

[64] Gangadharan L. , Farrell A. , Croson R. . Investment Decisions and Emissions Reductions: Results from Experiments in Emissions Trading [J]. Department of Economics Research paper, 2005 (942): 761 – 776.

[65] Heckman J. Heterogeneity and state dependence. Studies in Labor Markets. Chicago [J]. University of Chicago Press, 1981: 91 – 139.

[66] Hizen Y. , Kusakawa T. , Niizawa H. , Saijo T. . Two Patterns of Price Dynamics were Observed in Greenhouse Gases Emissions Trading Experiments: An Application of Point Equilibrium [J]. Institute of Social and Economic Research Working paper, 2001: 154 – 167.

[67] Holt C. A. , Laury S. K. . Risk aversion and incentive effects [J]. American Economic Review, 2002 (92): 1644 – 1655.

[68] Kennedy P. W. . Laplante B. . Environmental policy and time consistency: Emissions taxes and emissions tradings [J]. A Environmental Regulation and Market Power, 2000 (3): 116 – 144.

[69] Kneese A. V. , Schultze C. L. . Pollution, Prices and Public Policy. Washington, D. C. : Brokings. Kolstad, C. D [J]. Environmental Economics. New York: Oxford University Press, 2000: 165 – 180.

[70] Kusakawa T. , Saijo T. . Emissions trading experiments: Investment un-

certainty reduces market efficiency. In T. Sawa (ed.), International Frameworks and Technological Strategies to Prevent Climate Change [J]. New York: Springer-Verlag, 2003 (2): 45 –65.

[71] Paul Ames, Jan Sliva, Aoife White. The New York Times: Europe's leaders agree to cut greenhouse gases [J]. Institute of Social and Economic Research, 2007 (2): 9 – 12.

[72] Karen Fisher Vanden, Gary H. Jefferson, Ma Jingkui, Xu Jianyi. Technology Development and Energy Productivity in China [J]. Energy Economics, 2006, 28 (5): 690 – 705.

[73] Debabrata Talukdar, Craig M. Meisner. Dose the private sector help or hurt the environment? Evidence from carbon dioxide pollution in developing countries [J]. World development, 2001, 29 (5): 827 – 840.

[74] John H. Dunning. The eclectic paradigm as an envelope for economic and business theories of MNE activity [J]. International Business Review, 2000, 9 (2): 163 – 190.

[75] Globerman S. . Foreign direct investment and spillover efficiency benefits in Canadian manufacturing industries [J]. Canadian Journal of Economics, 1979 (12): 42 – 56.

[76] Ethier W. J. , Markusen J. R. . Multinational firms, technology diffusion and trade [J]. Journal of International Economics, 1996, 41 (2): 1 – 28.

[77] Grossman. G. , Helpman E. . Innovation and growth in the global economy [J]. Cambridge: MIT Press, 1995.

[78] Yao S. J. , Wei K. L. . Economic growth in the present of FDI from a newly industrializing economy's perspective [J]. Journal of Comparative Economics, 2007, 35 (1): 211 –234.

[79] Chuang Y. C. , Hsupf. FDI, trade, and spillover efficiency: evidence from China's manufacturing sector [J]. Applied Economics, 2004, 36 (10): 1103 – 1115.

[80] Matthew A. Cole, Robert Elliott, Shanshan Wu. Industrial Activity and the Environment in China: An Industry-level Analysis [J]. China Economic Review, 2008, 19 (3): 393 – 408.

[81] Grossman G. M. , A. B. Krueger. Environmental Impacts of a North

American Free Trade Agreement ［J］. NBER Working Paper No. 3914 ，1991 (2): 387 – 399.

［82］ Shafik N. ，Bandyopadhyay S. . Economic Growth and Environmental Quality: Time Series and Cross-country Evidence ［J］. World Bank Policy Research, 1992 (4): 900 – 904.

［83］ Selden T. M. ，Song D. . Environmental Quality and Development: Is There a Kuznets Curve for Air Pollution Emissions? ［J］. Journal of Environmental Economics and Management, 1994 (27): 147 – 162.

［84］ Dasgupta S. ，Laplante B. ，Wang H. ，Wheeler D. . Confronting the Environmental Kuznets Curve ［J］. Journal of Economic Perspectives, 2002, 16: 147 – 168.

［85］ Martin W. . The Carbon Kuznets Curve: A Cloudy Picture Emitted by Bad Econometrics? ［J］. Resource and Energy Economics, 2008, 30 (4): 388 – 408.

［86］ Holtz-Eakin D. ，Thomas M. . Stokingthe Fires? CO_2 Emissions and Economic Growth ［J］. Journal of Public Economics, 1995, 57 (1): 85 – 101.

［87］ Galeotti M. ，Lanza A. . Desperately Seeking (Environmental) Kuznets ［J］. Working studies, 1999, 504 – 515.

［88］ Cole M. A. ，Rayner A. J. ，Bates J. M. . The Environmental Kuznets Curve: An Empirical Analysis ［J］. Environment and Development Economics, 2009: 401 – 416.

［89］ Moomaw W. R, Unruh G. C. . Are EnvironVmental Kuznets Curve Misleading US? The Case of CO_2 Emis-sions, Special Issue on Environmental Kuznets Curves ［J］. Environ-mental and Development Economics, 1997, 2: 451 – 463.

［90］ Friedl B. ，Getzner M. Determinants of CO_2 E-missions in a Small Open Economy ［J］. Ecological Economics, 2003, 45: 133 – 148.

［91］ Martinez-Zarzoso I. ，Bengochea-Morancho A. Pooled Mean Group Estimation for an Environmental Kuznets Curve for CO_2 ［J］. Economics Letters, 2004, 82 (4): 121 – 126.

［92］ Lantz V. ，Feng Q. Assessing Income, Population, and Technology Impacts on CO_2 Emissions in Canada, Where's the CKC? ［J］. Ecological Economics, 2006, 57 (6): 229 – 238.

[93] E. A. Alsema and E. Nieuwlaar. Energy viability of photovoltaic systems [J]. Energy Policy, 2000, 28 (14): 999 – 1010.

[94] Yan Yunfeng, Yang LaiKe. China's foreign trade and climate change: A case study of CO_2 emissions [J]. Energy Policy, 2010 (38): 350 – 356.

[95] Nakicenovic N. , R. Swart, eds. . IPCC Special Report on Emissions Scenarios (2000) Cambridge U. K. : Cambridge University Press, 2000: 612.

[96] Young S. et al. . International development by Chinese enterprises: Key issues for the future [J]. Long Rang Planning, 1998, 31 (6): 886 – 893.

[97] Treffers , Faaij , Sparkman , Seebregts. Exploring the Possibilities for Setting up Sustainable Energy Systems for the Long Term: Two Visions for the Dutch Energy System in 2050 [J]. Energy Policy, 2005 (33): 1723 – 1743.

[98] Weyant J. P. , T. Olavson. Issues in Modelling Induced Technological Change in Energy, Environmental, and Climate Policy [J]. Environmental Modelling and Assessment, 1999 (4): 67 – 85.

[99] Kawase R. , Matsuoka Y. , Fujino J. . Decomposition Analysis of CO_2 Emission in Long term Climate Stabilization Scenarios [J]. Energy Policy, 2006 (34): 2113 – 2122.

[100] A. Alsema, E. Nieuwlaar. Energy viability of photovoltaic systems [J]. Energy Policy, 2000, 28 (14): 999 – 1010.

[101] Clarke L. , Weyant J. , Edmonds J. . On the sources of technological change: What do the models assume? Energy Economics, 2008, 30 (2), 409 – 424.

[102] Buckley P. J. et al. Historic and Emergent Trends in Chinese Outward Direct Investment [J]. Management International Review, 2008, 48 (6): 715 – 748.

[103] Grossman G. M. , A. B. Krueger. Economic Growth and the Environment [J]. Quarterly Journal of Economics , 1995 (110) .

[104] Panayotou. Demystifying the environmental Kuznets curve: turning a black box into a policy tool. Environmental Kuznets curve Special issue [J]. Environment and Development Economics, 1997 (4): 465 – 484.

[105] Debabrata Talukdar, Craig M. . Meisner. Dose the private sector help or hurt the environment? Evidence from carbon dioxide pollution in developing countries [J]. World Development, 2001 (29): 827 – 840.

[106] Radoslaw L. . Stefanski Essays on Structural Transformation in International Economics [D]. The university of Minnesota, 2009 (7): 57 – 104.

[107] Michale Hubler, Andreas Keller. Energy saving via FDI? Empirical Evidence from Developing Countries [J]. Environment and Development Economics [J]. 2009 (15): 59 – 80.

[108] Karen Fisher-Vanden, Gary H. Jefferson, Ma Jingkui and Xu Jianyi. Technology Development and Energy Productivity in China [J]. Energy Economics, 2006 (28): 690 – 705.

[109] Cole. Technology Development and Energy Productivity in China [J]. Energy Economics, 2009 (28): 690 – 705.

[110] Kuishuang Feng. Foreign Direct Investment and the Pollution in Five ASEAN Nations [J]. Journal of Economics and Management, 2009 (1): 245 – 261.

[111] Grimes, Kentor. Does Foreign Investment Harm the Air We Breathe and the Water We Drink [J]. Organization Environment, 2003 (20): 137 – 156.

[112] Matthew A Cole, Robert J. R. Elliott, Shanshan Wu. Industrial Activity and the Environment in China: An Industry-level Analysis [J]. China Economic Review, 2008 (19): 393 – 408.

[113] Joysrl Acharkyya. FDI, Growth and the Environment: Evidence from India on CO_2 Emission during the Last Two Decades [J]. Journal of Economic Development, 2009 (6): 43 – 58.

[114] Caves R. E.. International corporation: the industrial economics of Multinational Enterprise and Ecomomic Analysis [M]. Cambridge University Press, 1982.

[115] Horst T. Firm and industry determination of the decision to invest abord: an empirical study [J]. Review of Economics and Statistics, 1972 (54): 258 – 266.

[116] Baudry, M. Joint management of emission abatement and technological innovation for stock externalities [J]. Environmental and Resource Economics, 2000 (16): 161 – 183.

[117] Buonanno P., Carraro C., Galeotti M. . Endogenous induced technical change and the costs of kyoto [J]. Resource and Energy Economics, 2003

(25): 11 - 34.

[118] Farzin, Y. H. , Kort, P. Pollution abatement investment when environmental regulation is uncertain [J]. Journal of Public Economic Theory, 2000 (2): 183 - 212.

[119] Gollier C. , Jullien B. , Treich N. . Scientific progress and irreversibility: An economic interpretation of the precautionary prical [J]. Journal of Public Economics, 2000 (75): 229 - 253.

[120] Goulder L. , Mathai K. . Optimal CO_2 abatement in the presence of induced technological change [J]. Journal of Environmental Economics and Management, 2000, 39 (1): 1 - 38.

[121] Goulder L. , Schneider S. . Induced technological change and the attractiveness of CO_2 abatement policies [J]. Resource and Energy Economics, 1999 (21): 211 - 253.

[122] Kolstad C. . Learning and stock effects in environmental regulation: the case of greenhouse gas emissions [J]. Journal of Environmental Economics and Management, 1996 (31): 1 - 18.

[123] Nordhaus W. D. . Expert opinion on climatic change [J]. American Scientist, 1994 (82): 45 - 51.

[124] Pizer W. . The optimal choice of climate change policy in the presence of uncertainty [J]. Resource and Energy Economics, 1999, 21 (34): 255 - 287.

[125] Rothschild M. , Stiglitz J. Increasing risk I: A definition [J]. Journal of Economic Theory, 1970 (2): 225 - 243.

[126] Rothschild M. , Stiglitz J. . Increasing risk II: Its economic consequences [J]. Journal of EconomicTheory, 1971 (3): 66 - 84.

[127] Schneider S. , Goulder L. Achieving low-cost emissions targets [J]. Nature, 1997, 389 (4): 13 - 14.

[128] Smith J. E. . Moment methods for decision analysis [J]. Management Science, 1993 (39): 340 - 358.

[129] Knickerbocker, Frederick T. . Oligopolistic Reaction and Multinational Enterprise [J]. Cambridge, MA: Harvard University Press, 1973.

[130] Kogut B. , Chang S. . Technological Capabilities and Japanese Foreign Direct Investment in the United States [J]. The Review of Economics and Statis-

tics, 1991 (173): 401 – 413.

[131] Fosfuri A. , Motta M. , Ronde T. . Foreign Direct Investment and Spillovers Through Workers' Mobility [J]. Journal of Investment Economics, 2001 (153): 205 – 222.

[132] Steve Globerman, AriKokko, Fredrik Sjoholm. International Technology Diffusion: Evidence from Swedish Patent Data [J]. 2000 (153): 17 – 38.

[133] Branstetter L. . Is Foreign Direct Investment a Channel of Knowledge Spillovers? Evidence form Japan's FDI in the United States [J]. NBER Working Paper, 2000: 23 – 35.

[134] Neven D. , Siotis G. Foreign direct investment in the European Community: Some policy Issues [J]. Oxford Review of Economic Policy, 1993 (2): 72 – 93.

[135] Yamawaki H. . International Competitiveness and the Choice of Entry Mode: Japanese Multinationals in US and European Manufacturing Industries [J]. ACEPR Workshop, Oxford, 1993: 28.

[136] Jaffe A. , Trajtenberg M. , R. Henderson. Geographic Localization of Knowleges Spillovers as Evidenced by Patent Citations [J]. Quarterly Journal of Economics, 1993: 577 – 598.

[137] Braunerhjel, Svensson. Host country characteristics and agglomeration in foreign direct investment [J]. Applied Economics, 1996: 833 – 840.

[138] Braconier, Ekholm, Midelfart Knarvik. In search of FDI transmitted R&D spillovers: A study based on Swedish data [J]. Weltwirtschafliches Archiv, 2001 (4): 644 – 665.

[139] Head C. Keith, Ries, John C. , Swenson, Deborah L. . Attracting Foreign Manufacturing: Investment Promotion and Agglomeration [J]. Regional Science and Urban Economics , 1999 (129): 197 – 218.

[140] Tomoko Iwasa, Hiroyuki Odagiri. The Role of Overseas R&D Activities in the Technological Knowledge Sourcing: An Empirical study of Japanese R&D Investment in the US [J]. Discussion Paper, NISTEP, Japan, 2002: 448 – 508.

[141] Giorgio Barba Navaretti. Investments Abroad and Performance at Home Evidence from Italian Multinationals [J]. CEPR Discussion Paper, 2004: 237 – 258.

[142] Pearce, Robert, S. Singh. Globalizing Research and Development

[M]. London: MacMillan, 1992.

[143] Water, Ugelow. Environmental Policies in Developing Countries [J]. Ambio, 1979: 102 - 109.

[144] Becker, Henderson. Effects of Air Quality Regulation on Polluting Industries [J]. The Journal of Political Economy, 2000 (108): 379 - 421.

[145] Gray, Shadbegian. When Do Firms Shift Production Across States to Avoid Environmental Regulation? [J]. National Bureau of Economic Research, 2002: 8705.

[146] Eskeland, Harrison. Moving to greener pasture? Multinationals and the pollution-heaven Hypothesis [J]. National Bureau of Economic Research, 2002: 8888.

[147] Kevin Grey, Duncan Brank. Environmental Issues in Policy based Competition for Investment: a Literature Review [J]. Environment, 2002: 11.

[148] Gray. Foreign direct investment and environmental impacts is the debate over? [J]. RECIEL, 2002, 11 (3): 306 - 313.

[149] Smarzynaka, Wei Shang-Jin. Pollution Havens and Foreign Direct Investment: Dirty Secret or Popular Myth? [J]. The World Bank, Development Economics Research Group, 2001.

[150] Grether, Melo. Globalization and Dirty Industries: Do Pollution Havens Matter? [J]. GEPR Discussion, 2003.

[151] Wheeler D. , Mody A. . International Investment Location Decisions: The case of US Firms [J]. Journal of International Economics, 1992 (33): 57 - 76.

[152] Walter, Ingo, Peter Gray. Protectionism and International Banking, Sectoral efficiency, competitive structure and national policy [J]. Journal of Banking and Finance, 1983 (7): 597 - 609.

[153] Antweiler, Copeland, Taylor. Is Free Trade Good for the Environment? [J], American Economic Review, 2001 (91): 877 - 908.

[154] Ulph A. , Ulph D. . Global warming, irreversibility and learning [J]. The Economic Journal, 1997 (107): 636 - 650.

[155] Perkins, Richard, Neumayer, Eric. Extra-territorial interventions in conflict spaces: explaining the geographies of post-Cold War peacekeeping. Political

Geography, 2008 (27): 895 – 914.

[156] Giovani Machado, Roberto Schaeffer, Ernst Worrell. Energy and Carbon Embodied in the International Trade of Brazil: an Input-output Approach. Ecological Economics, 2001, 39 (3): 409 – 424.

[157] Peters G. P., Hertwich E. G. CO_2 embodied in international trade with implications for global climate policy [J]. Environmental Science and Technology, 2008, 42 (5): 1401 – 1407.

[158] Peters G. P, Hertwich E. G., Pollution Embodied in Trade: the Norwegian Case [J]. Global Environmental Change, 2006, 16 (4): 379 – 387.

[159] Bhagwat. The Case for Free Trade [J], Scientific American, 1993 (9): 18 – 23.

[160] Agras, Chapman. Dynamic Approach to the Environmental Kuznets Curve Hypothesis [J]. Ecological Economics, 1999 (28): 267 – 277.

[161] Copeland, Taylor. North-South Trade and the Environment [J]. Quarterly Journal of Economics, 1994 (109): 755 – 787.

[162] Dina A. Theoretical Basis for the Environmental Kuznets Curve [J]. Ecological Economics, 2005 (53): 403 – 413.

[163] Dua, Esty. Sustaining the Asia Pacific Miracle [Z]. WashingtonDC: Institute for International Economics, 1977.

[164] Esty, Geradin. Market Access, Competiveness, and Harmonization: Environmental Protection in Regional Trade Agreements [J]. The Harvard Environmental Law Review, 1997 (21): 265 – 336.

[165] Galeottia, Lanza. Desperately Seeking Environmental Kuznets [J]. Environmental Modelling & Software, 2005 (20): 1379 – 1388.

[166] Holtz-Eakin, Selden. Stoking the Fires? CO_2 Emissions and Economic Growth [J]. Journal of Public Economics, 1995 (57): 85 – 101.

[167] Kuznets. Economic Growth and Income Inequality [J]. American Economic Review, 1955 (45): 1 – 28.

[168] Levinson, Taylor. Unmasking the Pollution Haven Effect [J]. International Economic Review, 2008 (49): 223 – 254.

[169] Lopez. The Environment as a Factor of Production: the Effects of Economic Growth and Trade Liberalization [J]. Journal of Environmental Economics

and Management, 1994 (27): 163 - 184.

[170] Frankel, Jeffery. No Single Currency Regime is Right for all Countries or at All Times. NBER Working Paper, 1999 (7338) .

[171] Frankel, Jeffery. Global Transmission of Interest Rates: Monetary Independence and Currency Regime [J]. NBER Working Paper, 2002 (8828) .

[172] Perkins R. E.. Neumayer, Transnational linkages and the spillover of environment efficiency into developing countries [J]. Global environment Change, 2009 (19): 375 - 383.

[173] Tom Kerr, Ian Havercroft, Tim Dixon. Legal and Regulatory Developments Associated with Carbon Dioxide Capture and Storage: A Global Update [J]. ELSEVIER, 2009 (2): 4395 - 4402.

[174] Maximilian Auffhammera, Richard T. Carsonb. Forecasting the Path of China's CO_2 Emissions Using Province-Level Information [J]. Journal of Environmental Economics and Management, 2008 (55): 229 - 247.

[175] Ang J. CO_2 Emissions energy consumption and output in France [J]. Energy Policy, 2007, 35 (10): 4772 - 4778.

[176] Paul Crompton, Yanrui Wu. Energy Consumption in China: Past Trends and Future Directions. Energy Economics , 2008 (27): 195 - 208.

[177] Tamazian Rao. Industrial Activity and the Environment in China: An Industry-Level Analysis [J]. China Economic Review, 2010 (19): 393 - 408.

[178] Jensen P. M.. Endogenous Technological Change [J]. Journal of Political Economy, 1995 (98): 71 - 102.

[179] Tamazian G. M.. Comparative financial Advantage and Long-Run Growth [J]. American Economic Review, 2009 (80): 796 - 815.

[180] Tedessen P. Schumpeterian Growth without Scale Effects [J]. Journal of Economic Growth 2005 (3): 313 - 335.

[181] Kumbaroglu. Finance and Absorptive Capacity: Theory and Empirical Evidence [J]. Scandinavian Journal of Economics, 2008 (105): 99 - 118.

[182] Claessence, Feijen. Mapping the Two Faces of Finance: Productivity Growth in a Panel of OECD Industries [J]. Review of Economics and Statistics, 2004 (86): 883 - 895.

[183] Dasgupta. Technological Convergence, Finance, Trade and Productivity

Growth [J]. European Economic Review, 2001 (49): 775 – 807.

[184] Dasgupta. Explaining the Relationship between CO_2 Emissions and Finance-The Role of Energy Consumption [J]. Economics Letters, 2004 (87): 325 – 328.

[185] Singh Ang. CO_2 Emissions, Energy Consumption, and Finance [J]. Energy Policy, 1997: 4772 – 4778.

[186] Ang J.. Economic development, pollution emissions and energy consumption in Malaysia [J]. Journal of Policy Modeling, 2008 (30): 271 – 278.

[187] Shujie Yao, Kailei Wei. Foreign Direct Investment and Regional Inequality in China [J]. University of Nottingham Working Paper, 2007 (32): 38.

[188] CHUANG. FDI, trade and spillover efficiency: evidence from China's manufacturing sector [J]. Applied Economics, 2004, 36 (10): 1103 – 1115.

[189] Fisher-Vanden. Exporting the Greenhouse: Foreign Capital Penetration and CO_2 Emissions 1980 – 1996 [J]. Journal of World systems Research, 2006 (3): 261 – 275.

[190] Kawase R. Matsuoka, Y. Fujino J. . Decomposition Analysis of CO_2 Emission in Long term Climate Stabilization Scenarios [J]. Energy Policy, 2006 (34): 2113 – 2122.

[191] P. G. Chamberlain, D. Porter. The modified mild-slope equation [J]. Journal of Fluid Mechanics, 1995, 29 (1): 393 – 407.

[192] 齐晔, 李惠民, 徐明. 中国进出口贸易中的隐含能估算中国人口 [J]. 资源与环境, 2008 (3): 89 – 97.

[193] 闫云凤, 杨来科. 中国出口隐含碳增长的影响因素分析 [J]. 中国人口·资源与环境, 2010, 20 (8): 21 – 29.

[194] 徐惠明. FDI 对昆山环境溢出效应研究 [J]. 同济大学学报, 2006 (2): 11 – 15.

[195] 夏友富. 外商投资中国污染密集产业现状、后果及其对策研究 [J]. 管理世界, 1999 (3): 109 – 123.

[196] 赵细康. 环境保护与产业国际竞争力 [M]. 北京: 中国社会科学出版社, 2003: 102 – 105.

[197] 潘申彪, 余妙志. 江浙沪三省市外商直接投资与环境污染的因果关系检验 [J]. 国际贸易问题, 2005 (12): 65 – 76.

[198] 张晓平. 中国对外贸易产生的 CO_2 排放区位转移分析 [J]. 地理学报, 2009（2）：65-76.

[199] 张意翔, 孙涵. 我国能源消费误差修正模型研究——基于产业结构重型化视角的实证分析 [J]. 中国人口·资源与环境, 2008, 18（1）：74-78.

[200] 路正南. 产业结构调整对我国能源消费影响的实证分析 [J]. 数量经济技术经济研究 1999（12）：53-55.

[201] 林伯强. 中国能源需求的经济计量分析 [J]. 统计研究, 2001（10）：34-37.

[202] 帅通, 袁雯. 上海市产业结构和能源结构的变动对碳排放的影响及应对策略 [J]. 长江流域资源与环境, 2009, 18（1）：885-889.

[203] 解振华. 中国节能减排（政策篇）[M]. 北京：中国发展出版社, 2008.

[204] 陈诗一. 能源消耗、二氧化碳排放与中国工业的可持续发展 [J]. 经济研究, 2009（4）：41-55.

[205] 李国志, 李宗植. 中国二氧化碳排放的区域差异和影响因素研究 [J]. 中国人口·资源与环境, 2010（5）：22-28.

[206] 许广月, 宋德勇. 中国碳排放环境库兹涅茨曲线的实证研究——基于省域面板数据 [J]. 中国工业经济, 2010（5）：37-47.

[207] 庄贵阳. 低碳经济引领世界经济发展方向 [J]. 世界环境, 2008（2）：34-36.

[208] 姜克隽. 中国发展低碳经济的成本优势 [J]. 绿叶, 2009（5）：11-19.

[209] 英国石油公司（BP）. 2030 世界能源展望（2013 版）[EB/OL]. BP 网站.

[210] 商务部, 国家统计局, 国家外汇管理局. 各年度中国对外直接投资统计公报 [M]. 中华人民共和国商务部网站.

[211] 陆虹. 中国环境问题与经济发展的关系分析——以大气污染为例. 财经研究 [J]. 2000（10）：23-29.

[212] 沙文兵, 石涛. 外商直接投资的环境效应——基于中国省级面板数据的实证分析 [J]. 世界经济研究, 2006（6）：47-56.

[213] 魏巍贤, 杨芳. 技术进步对中国二氧化碳排放的影响 [J]. 统计

研究，2010（7）：36 – 44.

[214] 韩燕，钱春海. FDI 对我国工业部门经济增长影响的差异性：基于要素密集度的行业分类研究 [J]. 南开经济研究，2008（6）：143 – 152.

[215] 王志鹏，李子奈. 外资对中国工业企业生产效率的影响研究 [J]. 管理世界，2003（4）：17 – 25.

[216] 王玲，涂勤. 中国制造业外资生产率溢出的条件性研究 [J]. 经济学（季刊），2007（1）：171 – 184.

[217] 黄晓军，李诚固，黄馨. 东北地区城市化与产业结构演变相互作用模型 [J]. 经济地理，2008（1）：55 – 57.

[218] 李小平，卢现祥. 国际贸易、污染产业转移和中国工业 CO_2 排放 [J]. 经济研究，2010（1）：15 – 26.

[219] 林伯强，蒋竺均. 中国二氧化碳的环境库兹涅茨曲线预测及影响因素分析 [J]. 管理世界，2009（4）：27 – 36.

[220] 周景博. 北京市产业结构现状及其对环境的影响分析 [J]. 统计研究，1998（8）：40 – 44.

[221] 齐志新，陈文颖，吴宗鑫. 工业轻重结构变化对能源消费的影响 [J]. 中国工业经济，2007（2）：35 – 42.

[222] 韩玉军，陆旸. 经济增长与环境的关系——基于对 CO_2 环境库兹涅茨曲线的实证研究 [J]. 中国人民大学经济学院工作论文，2007：32 – 39.

[223] 叶自成. 中国实行大国外交战略势在必行——关于中国外交战略的几点思考 [J]. 世界经济与政治，2001（1）：5 – 10.

[224] 张嫚. 环境规制约束下的企业行为 [M]. 北京：经济科学出版社，2006.

[225] 刘强. 中国出口贸易中的载能量及碳排放量分析 [J]. 中国工业经济，2008（8）：33 – 39.

[226] 穆听，王浣尘，李雷鸣. 基于差异化策略的环境管理与企业竞争力研究 [J]. 系统工程理论与实践，2005（3）：26 – 30.

[227] 陈志友. 技术性贸易壁垒：机理特征、政策效应、对应措施 [J]. 国际贸易问题，2004（11）：11 – 17.

[228] 殷砚，廖翠，萍赵黛青. 对中国新型低碳技术扩散的实证研究与分析 [J]. 科技进步与对策，2010（23）：20 – 24.

[229] 联合国贸易与发展会议. 各年度世界投资报告 [M]. 北京：中国

财政经济出版社.

[230] 日本财务省编. 对外直接投资状况 [M]. 财务省, 2006.

[231] 第三次工业普查办公室编. 中华人民共和国 1995 年第三次全国工业普查资料汇编（国有·三资·乡镇卷）[M]. 北京：中国统计出版社, 1996.

[232] 朱庆华, 王旭东. 清洁发展机制：利用外资的新模式 [J]. 烟台大学学报, 2003（10）：437－442.

后　　记

　　本书搁笔之际，欣慰之情难以言表。饮水思源，在本书出版时，我想借此机会感谢撰写本书过程中给予我各种帮助鼓励的人们。

　　衷心感谢我的恩师湖南城市学院副校长、湖南大学博士生导师刘辉煌教授。恩师学识广博、才思敏捷、治学严谨、刻苦勤勉，善于引起我对经济学研究的兴趣，善于引导我研究的方向，给我以深刻的影响。恩师具备很强的宏观思维，在学术上言传身教，从专著选题到撰写、数据整理与分析到最后定稿，一直让我受益匪浅。恩师宽厚仁爱，温和严厉，教会了我许多做人的道理，常提醒我端正做事的态度，将使我终身受益。感谢师母张意湘老师在学习和生活中给予的关心和鼓励，使我心中倍觉温暖。

　　感谢湖南大学经贸学院刘辉煌教授研究团队中的彭绍臣、吴建军、李峰峰、郭娟、潘菁、李利、邝希聪、代迪尔、时峰、庄树坤、李子豪、吴伟、肖慧敏等众位师兄弟姐妹们，在与他们学习交流中，我学到很多，多年来与他们结下的深厚友谊，将使我终身受益！

　　感谢湖南商学院经贸学院各位领导及教授们，他们是刘天祥、彭炳忠、罗双临、刘汉中、刘乐山、颜建军，以及国贸系的所有同事们，他们给予我工作、学习和生活中的帮助与支持将成为我不断前进的动力！

　　感谢北京交通大学中国产业安全研究中心博士后工作站的李孟刚教授、李建革站长、李珍丹老师，以及和我一起工作的同仁们，你们认真敬业的工作态度，坚定执着的研究热情，精细严谨的治学原则都让我对本来冰冷深奥的学术领域有了一种温暖向上的情感，这种正能量将指引我一生对学术的追求与探索！

　　最后感谢我的家人，特别是我的丈夫罗强良和女儿罗贝尔，他们在我的学术研究中给予我巨大的精神支持，还有我的父母、弟弟和关心我的亲戚、朋友们，他们的支持和勉励使我无后顾之忧，潜心学术。他们为我付出了很多，我却无以为报，让我内心感动并有着深深的歉意，唯有祝他们健康幸福，快乐平安！

最后，感谢本书的所有读者们，因为你们的鼓励与批评，我的研究工作将更加具有方向性和目的性。祝天下所有师长和学者们好人一生平安！祝福我所有的家人、朋友、同学、同事们，在各自的生活学习工作中万事顺意！

谭飞燕

2014 年 6 月